Sommaire

Sommaire 1

Introduction générale 6

Titre 1er : L'identification des coûts et des bénéfices de la lutte contre la fraude fiscale 7

Sous-titre 1er : Les coûts 7

Chapitre 1 : L'identification des coûts administratifs 7

    I. Les coûts salariaux 7

        A. Coûts de la masse salariale 7

        B. Coûts de formation 9

    II. Les coûts technologiques 10

        A. L'innovation technologique 10

        B. La gestion des données 11

    III. Les coûts de mise en œuvre des programmes de contrôle 12

        A. Mise en œuvre des systèmes de vérification fiscale 13

        B. Coûts des poursuites judiciaires 14

        C. Coûts de mise en place des dénonciations 15

    IV. Les coûts indirects et de coordination 16

        A. Coûts indirects liés aux répercussions économiques 16

        B. Coûts de coordination entres les organismes gouvernementaux 17

Chapitre 2 : L'identification des coûts politiques 19

    I. Refus des contrôles fiscaux par les contribuables 19

        A. Résistance des contribuables 19

        B. La mobilisation des groupes d'intérêts spéciaux 20

        C. Perte de la confiance des contribuables 22

    II. Conséquences immédiates sur l'économie 23

        A. Diminution de l'investissement 23

        B. Diminution de l'emploi dans les secteurs touchés par ces politiques fiscales 24

- C. Risque de perte de revenus publics 25
- III. Les enjeux politiques au cœur du système fiscal 26
  - A. Complexité des politiques de lutte contre la fraude fiscale 26
  - B. Coopération internationale, source de tensions 27
  - C. L'impact de l'image de la politique, reflet de l'attractivité pour les investisseurs... 28

Chapitre 3 : L'identification des coûts économiques 30

- I. Coûts de conformité pour les entreprises 30
  - A. Coûts de conformité et de mise en place de systèmes de conformité 30
  - B. Coûts spécifiques à la formation du personnel 32
- II. Effets négatifs sur l'économie 33
  - A. Effets sur la croissance économique 33
  - B. Risque de désincitation fiscale 34
- III. Coûts économiques pour la société 36
  - A. Réduction des recettes fiscales 36
  - B. Réduction de la qualité de vie des contribuables 37
- IV. Coûts économiques inhérents à la concurrence 38
  - A. Concurrence déloyale pour les entreprises respectant la loi fiscale 38
  - B. Effets négatifs sur l'innovation 39

Sous-titre 2nd : Les bénéfices 41

Chapitre 1 : L'augmentation des recettes fiscales 41

- I. Politiques fiscales et recettes perdues 41
  - A. Les différentes politiques fiscales 41
  - B. Coûts de la fraude fiscale 43
  - C. Recettes fiscales perdues 44
- II. Les mesures prises par l'administration fiscale 45
  - A. Les mesures préventives 45
  - B. Les contrôles fiscaux 47
- III. Coopération et transparence 49

    A. Coopération fiscale internationale 49

    B. Transparence fiscale 50

  IV. Les impacts de la lutte contre la fraude fiscale 52

    A. Les impacts économiques 52

    B. Les impacts sociaux 53

Chapitre 2 : L'amélioration de la justice fiscale 55

  I. L'élaboration de la loi fiscale 55

    A. Application équitable sans discrimination 55

    B. Règles fiscales claires et compréhensibles 57

    C. Répartition équitable de la charge fiscale 58

    D. Transparence au service de la conformité fiscale 60

  II. L'engagement des autorités fiscales 61

    A. Coopération internationale renforcée 61

    B. Mesures préventives 63

    C. Poursuite active des fraudeurs 64

    D. Programmes de soutien à la conformité fiscale au service des contribuables 66

  III. La mise en place des sanctions 67

    A. Mécanismes de contrôle 67

    B. Sanctions dissuasives au renfort de la justice fiscale 68

Chapitre 3 : Stimuler la confiance dans le système fiscal 71

  I. Transparence des autorités publiques 71

    A. Transparence fiscale 71

    B. Transparence du gouvernement 72

  II. Renforcement de l'accessibilité des règles aux contribuables 73

    A. Simplification des règles fiscales 73

    B. Éducation fiscale 74

    C. Participation citoyenne 75

Chapitre 4 : Avantages économiques 77

- I. Augmentation du bien-être 77
  - A. Amélioration de l'environnement des affaires 77
  - B. Financement de projets publics et sociaux 78
  - C. Promotion de la croissance économique durable 79
- II. Effets positifs sur l'économie 80
  - A. Réduction de la dette publique 80
  - B. Dissuasion de la fraude fiscale et de la corruption 81

Titre 2nd : Modélisations 83

Sous-titre 1er : Modélisation des coûts et bénéfices des politiques de lutte contre la fraude fiscale ... 84
- I. Cadre hypothétique 85
- II. Méthode pour la France 86

Chapitre 1 : Modèle économétrique 1 88
- I. Modèle 88
  - A. Spécifications du modèle 89
  - B. Analyse du modèle 90
- II. Modèle économétrique simplifié 90
  - A. Variables 90
  - B. Modèle 91

Chapitre 2 : Modèle économétrique 2 92

Sous-titre 2 : Autres modélisations économétriques 94

Chapitre 1 : Modèles de simulation 95
- I. Modèle 95
- II. Mathématiquement 97

Chapitre 2 : Modèles de panel 98
- I. Modélisation 98
- II. Analyse du modèle 99

Chapitre 3 : Modèles d'analyse des réseaux 100
- I. Modèle 100

  II. Analyse du modèle 101

Chapitre 4 : Modèles de micro-simulation 103

  I. Modèle proposé simple 103

  II. Modèle complexe 104

Conclusion générale 106

Bibliographie- Sitographie 107

Introduction générale

« *Lutter contre toutes les fraudes qu'elles soient sociales ou fiscales sera au cœur de l'action du gouvernement, avec des annonces fortes dès le début du mois de mai* ». Ces mots prononcés par le chef de l'État le 17 avril 2023. A cette date, un groupe de travail, rassemblant des parlementaires de différents bords politiques a été mis en place par Gabriel Attal afin de définir « un plan complet de lutte contre les fraudes ». Trois réunions ont eu lieu, deux sur la fraude fiscale et une sur la fraude sociale.[1] Face à ces paroles, il apparait légitime de s'interroger sur les politiques mises en place pour lutter contre la fraude fiscale. Nous nous intéressons plus particulièrement sur les effets économiques de ces politiques. Tout d'abord, l'étude nécessitera d'analyser les politiques de lutte contre la fraude fiscale et les effets économiques de ces politiques, notamment en termes de recettes fiscales, de justice fiscale et de confiance dans le système fiscal. Elle pourrait également étudier les mécanismes de fraude fiscale et les moyens de les détecter et de les prévenir.

Effectuer une telle analyse nécessite une définition plus exacte d'une politique de lutte contre la fraude fiscale à savoir que « la lutte contre la fraude fiscale est un enjeu majeur de souveraineté et de redressement des comptes publics, et une condition essentielle pour faire respecter le principe d'égalité devant l'impôt. En effet, la fraude fiscale porte atteinte, d'une part à la solidarité nationale en faisant reposer l'impôt sur les seuls contribuables qui respectent leurs obligations fiscales et, d'autre part, aux conditions d'une concurrence loyale entre les entreprises »[2]. Ainsi, il nous faudra étudier les coûts mais aussi les bénéfices de cette lutte afin d'obtenir une modélisation permettant de déterminer l'efficacité d'une telle politique.

C'est en ce sens que l'étude se composera d'un premier titre consacré à l'identification et la définition des coûts et des bénéfices avant d'étudier dans un second titre les modélisations possibles.

---

[1] https://www.publicsenat.fr/actualites/economie/lutte-contre-la-fraude-sociale-et-fiscale-le-gouvernement-va-s-inspirer-des

[2] https://www.economie.gouv.fr/node/33951

Titre 1er : L'identification des coûts et des bénéfices de la lutte contre la fraude fiscale

Cette identification préliminaire est centrale puisqu'elle va permettre de mettre en avant la multitude d'éléments à prendre en compte mais aussi et surtout des différentes conséquences sur l'économie d'un État. Pour cela, nous retiendrons les principaux coûts et bénéfices d'une telle lutte.

Sous-titre 1er : Les coûts

Chapitre 1 : L'identification des coûts administratifs

Les coûts administratifs de la lutte contre la fraude fiscale se réfèrent aux dépenses nécessaires pour mener à bien les activités de prévention, de détection et de répression de la fraude fiscale. Ces coûts peuvent inclure des dépenses liées aux effectifs, aux technologies et aux équipements nécessaires pour effectuer des contrôles fiscaux, des enquêtes fiscales et des poursuites judiciaires.

En effet, concernant les effectifs, le gouvernement doit embaucher des inspecteurs fiscaux, des enquêteurs fiscaux, des avocats, des experts comptables et d'autres professionnels pour mener des activités de lutte contre la fraude fiscale. Ces effectifs peuvent être coûteux en termes de salaires et de recrutement. Concernant les technologies, le gouvernement a besoin de technologies de pointe pour collecter et analyser les données fiscales, comme les logiciels de surveillance fiscale, les logiciels de reconnaissance de la voix, les systèmes de reconnaissance faciale, etc. Ces technologies peuvent être coûteuses en termes d'acquisition, d'installation et de maintenance. En matière d'équipement, le gouvernement a aussi besoin d'équipements spécialisés pour mener des enquêtes fiscales, comme des caméras, des systèmes de sécurité, des véhicules, etc. Ces équipements peuvent également être coûteux. Enfin, s'agissant de la formation, les salariés affectés à la lutte contre la fraude fiscale doivent être formés régulièrement pour être au fait des dernières évolutions en matière de fraude fiscale et des techniques de détection. Ces formations peuvent également être coûteuses en termes de temps et de ressources.

I. Les coûts salariaux
    A. Coûts de la masse salariale

Pour être efficace, la lutte contre la fraude fiscale nécessite une main-d'œuvre spécialisée pour surveiller, auditer et enquêter sur les activités de fraude fiscale. Ces professionnels sont notamment des inspecteurs fiscaux, des enquêteurs fiscaux et des avocats. Leurs salaires représentent une partie importante des coûts administratifs.

En effet, les inspecteurs fiscaux sont chargés de surveiller les activités fiscales des contribuables particuliers et des entreprises pour détecter toute fraude fiscale. Ils peuvent être employés par l'administration fiscale de l'État ou par des organismes indépendants. Les inspecteurs fiscaux sont formés pour comprendre les lois fiscales, les techniques de comptabilité et les tendances fiscales dans différents secteurs économiques. Ils utilisent des outils tels que les analyses de données, les enquêtes sur le terrain et les entretiens pour identifier les activités de fraude fiscale. Ces inspecteurs fiscaux peuvent également collaborer avec d'autres professionnels, tels que les enquêteurs fiscaux et les avocats, pour résoudre des cas complexes ou inédits.

A leur côté, les enquêteurs fiscaux sont chargés de mener des enquêtes approfondies sur les activités de fraude fiscale détectées par les inspecteurs fiscaux. Les enquêteurs fiscaux sont souvent employés par des organismes indépendants ou des agences gouvernementales spécialisées dans la lutte contre la fraude fiscale. Ils sont formés pour recueillir des preuves, pour interroger les témoins et pour collaborer avec les autorités judiciaires notamment en lien direct avec le parquet. Les enquêteurs fiscaux peuvent donc également travailler en étroite collaboration avec les inspecteurs fiscaux mais aussi avec les avocats.

Les avocats, donc, spécialisés dans la lutte contre la fraude fiscale sont chargés de conseiller les agences gouvernementales et les entreprises sur les questions juridiques liées à la fraude fiscale. Ils peuvent également représenter les organismes gouvernementaux dans les poursuites judiciaires contre les fraudeurs fiscaux. Ces avocats spécialisés sont formés pour comprendre les lois fiscales, les règles de procédure et les pratiques judiciaires. Ils peuvent également travailler avec les inspecteurs fiscaux et les enquêteurs fiscaux pour élaborer des stratégies de lutte contre la fraude fiscale.

Les coûts salariaux de ces professionnels hautement qualifiés représentent une partie importante des coûts administratifs de la lutte contre la fraude fiscale. Ces professionnels doivent être formés pour détecter, enquêter et poursuivre les fraudeurs fiscaux. Leur salaire est souvent supérieur à celui des professionnels travaillant dans d'autres domaines de l'administration publique. Par exemple, en France, le salaire d'un inspecteur des impôts débutant est d'environ 1 600 euros par mois, mais il peut atteindre plus de 3 800 euros par mois pour les inspecteurs fiscaux les plus expérimentés[3]. Les

---

[3] https://www.reconversionprofessionnelle.org/salaire-inspecteur-des-impots/

enquêteurs fiscaux et les avocats spécialisés dans la lutte contre la fraude fiscale sont également rémunérés à des taux élevés en raison de leur expertise et de leur expérience. Ainsi, les coûts salariaux de ces professionnels représentent une partie significative des coûts administratifs de la lutte contre la fraude fiscale.

B. Coûts de formation

Les coûts liés à la formation et à la certification de ces professionnels sont essentiels. La formation et la certification sont des éléments clés de la réussite de la lutte contre la fraude fiscale. En effet, ils doivent être en mesure de comprendre les lois fiscales, les réglementations et les procédures de manière approfondie, afin de mener des enquêtes et des audits efficaces. Ils doivent également être en mesure de se tenir au courant des nouvelles lois et des nouvelles technologies pour être en mesure de détecter et de prévenir la fraude fiscale par une veille juridique optimale.

Ces coûts peuvent varier en fonction du pays, des compétences nécessaires, du niveau de formation requis et des normes en matière de certification. Les coûts peuvent inclure les frais de formation, les frais de certification, les frais de voyage et d'hébergement pour la formation et les frais de remplacement pour les professionnels qui sont en formation. Ils peuvent également inclure les salaires et les avantages sociaux des formateurs et des instructeurs.

En se tournant vers notre système français, la formation et la certification des professionnels impliqués dans la lutte contre la fraude fiscale sont assurées par l'École Nationale des Finances Publiques (ENFIP). Les coûts de formation à l'ENFIP varient en fonction du niveau de formation, du nombre d'heures de formation et des options de formation choisies. Les professionnels impliqués dans la lutte contre la fraude fiscale peuvent suivre des cours en ligne, des cours en présentiel ou une combinaison des deux. Le coût total de la formation peut varier de quelques milliers d'euros à plusieurs dizaines de milliers d'euros.

A titre de simple comparaison, aux États-Unis, les professionnels impliqués dans la lutte contre la fraude fiscale doivent suivre une formation et obtenir une certification auprès de *l'Internal Revenue Service* (IRS)[4]. Là encore, les coûts de la formation et de la certification varient en fonction du niveau de certification, du nombre d'heures de formation et des frais de certification. Les coûts de formation peuvent varier de quelques centaines de dollars à plusieurs milliers de dollars.

Les coûts de la formation et de la certification des professionnels impliqués dans la lutte contre la fraude fiscale peuvent être justifiés par les avantages qu'ils apportent. En effet, les professionnels

---

[4] https://www.irs.gov

formés et certifiés sont mieux équipés pour détecter et prévenir la fraude fiscale, ce qui peut entraîner des économies pour les gouvernements et les contribuables. Les professionnels formés et certifiés peuvent également travailler plus efficacement, ce qui peut réduire les coûts administratifs concernant d'autres volets que celui de la formation.

Ainsi, la formation et la certification des professionnels impliqués dans la lutte contre la fraude fiscale sont nécessaires et inévitables. Bien que les coûts de la formation et de la certification puissent être élevés, ils peuvent être justifiés par les avantages qu'ils apportent. Les gouvernements doivent donc veiller à ce que ces professionnels reçoivent une formation et une certification adéquates pour garantir l'efficacité de leurs efforts de lutte contre la fraude fiscale, tout en évaluant les coûts et les bénéfices de ces politiques pour garantir une utilisation efficace des ressources publiques.

II. Les coûts technologiques
A. L'innovation technologique

La lutte contre la fraude fiscale nécessite l'utilisation de technologies de surveillance fiscale sophistiquées pour collecter des données pertinentes. Ces technologies incluent principalement des logiciels de surveillance, des systèmes de reconnaissance faciale et des systèmes de reconnaissance de la voix, qui sont utilisés pour détecter les comportements frauduleux ou suspects.
Il apparaît dès lors que l'acquisition, l'installation et la maintenance de ces technologies ont des coûts administratifs significatifs. Tout d'abord, il y a les coûts d'acquisition, qui incluent les coûts d'achat ou de développement de la technologie. Par exemple, le gouvernement peut avoir à acquérir un logiciel de surveillance fiscale auprès d'un fournisseur tiers ou à développer son propre logiciel en interne. Ces coûts peuvent varier considérablement en fonction de la complexité de la technologie et du temps nécessaire à son développement.
Une fois que la technologie est acquise, il y a des coûts liés à son installation et à sa configuration. Par exemple, pour installer un logiciel de surveillance fiscale, il peut être nécessaire d'effectuer des mises à niveau du matériel informatique, de configurer des réseaux de serveurs ou de fournir une formation aux employés qui l'utiliseront. Ces coûts peuvent également varier considérablement en fonction de la taille et de la complexité du système.
Enfin, il y a les coûts de maintenance, qui comprennent les coûts de réparation, de mise à jour et d'assistance technique. Les systèmes de surveillance fiscale sont souvent soumis à des exigences strictes de fiabilité et de sécurité, ce qui peut entraîner des coûts administratifs élevés pour garantir

leur fonctionnement continu. En outre, les coûts de maintenance peuvent également varier en fonction de la complexité du système et des options choisies.

A titre indicatif, le gouvernement américain utilise une technologie de surveillance fiscale appelée "*Data Analytics Center*" (DAC) pour détecter les fraudes fiscales. Le DAC collecte des données à partir de différentes sources, telles que les déclarations de revenus, les rapports de transactions en espèces et les documents d'identité. Ces données sont ensuite analysées à l'aide d'algorithmes pour détecter les schémas de fraude potentiels.

Selon un rapport de l'*Internal Revenue Service* (IRS), le coût total de développement et de mise en œuvre du DAC s'élevait à environ 90 millions de dollars en 2014. En outre, le coût annuel de maintenance et d'assistance technique s'élevait à environ 17 millions de dollars.[5]

Malgré les coûts administratifs élevés, l'utilisation de technologies de surveillance fiscale sophistiquées peut être efficace pour détecter la fraude fiscale. Par exemple, en France, 13,4 milliards d'euros ont été notifiés aux particuliers et aux entreprises en 2021 et 10,7 milliards d'euros ont été encaissés[6]

En conclusion, l'utilisation de technologies de surveillance fiscale sophistiquées peut être un moyen efficace de détecter la fraude fiscale. Cependant, l'acquisition, l'installation et la maintenance de ces technologies ont des coûts administratifs significatifs qui doivent être pris en compte dans notre analyse des politiques de lutte contre la fraude fiscale.

B. La gestion des données

Les coûts liés à la collecte, l'analyse et la gestion des données fiscales sont un aspect à prendre en considération dans les coûts administratifs. Les administrations fiscales doivent collecter des données fiscales auprès de différentes sources, telles que les entreprises, les particuliers et les institutions financières. Ces données collectées sont ensuite analysées pour détecter les comportements frauduleux et les infractions fiscales. Enfin, les données sont gérées et stockées dans des systèmes informatiques pour assurer la confidentialité et la sécurité des informations fiscales.

La collecte de données fiscales peut prendre différentes formes, comme l'envoi de formulaires fiscaux, les visites sur le terrain, les appels téléphoniques et les enquêtes. Ces différentes méthodes ont des coûts variables en termes de temps, de ressources humaines et financières.

---

[5] https://www.irs.gov/irb/2014-21_IRB

[6] https://presse.economie.gouv.fr/03-03-2022-bilan-de-la-lutte-contre-la-fraude-fiscale-les-chiffres-cle-de-lannee-2021/

Les administrations fiscales ont également besoin d'investir dans des technologies de pointe pour faciliter la collecte de données fiscales. Les technologies de surveillance fiscale, telles que les logiciels de reconnaissance faciale et de reconnaissance de la voix, peuvent aider les administrations fiscales à identifier les fraudeurs fiscaux en temps réel. Cependant, ces technologies peuvent être coûteuses à acquérir, à installer et à maintenir.

Une fois que les données fiscales sont collectées, elles doivent être analysées pour détecter les comportements frauduleux et les infractions fiscales. Les administrations fiscales utilisent des techniques statistiques et analytiques pour identifier les comportements anormaux et les indicateurs de fraude fiscale. Cependant, ces techniques requièrent des compétences spécialisées et des logiciels sophistiqués, ce qui peut être coûteux en termes de formation et d'acquisition de technologies.

La gestion et le stockage des données fiscales sont également des coûts administratifs importants de la lutte contre la fraude fiscale. Les administrations fiscales doivent gérer de grandes quantités de données fiscales, ce qui peut être difficile à gérer sans systèmes informatiques sophistiqués. Les données fiscales doivent être stockées en toute sécurité pour éviter tout accès non autorisé et toute violation de la confidentialité. Cela nécessite des investissements dans des technologies de stockage de données et des mesures de sécurité appropriées.

Enfin, les coûts liés à la collecte, l'analyse et la gestion des données fiscales peuvent avoir des répercussions économiques indirectes. Les entreprises peuvent ressentir une pression accrue pour se conformer aux règles fiscales, ce qui peut entraîner des coûts supplémentaires. Les ménages peuvent également subir une pression fiscale accrue en raison de l'augmentation des recettes fiscales collectées. Cela peut entraîner une réduction de la consommation et une diminution de la croissance économique.

En conclusion, la collecte, l'analyse et la gestion des données fiscales sont des coûts administratifs importants de la lutte contre la fraude fiscale. Les administrations fiscales doivent investir dans des technologies sophistiquées, des compétences spécialisées et des mesures de sécurité pour garantir la collecte, l'analyse et la gestion efficaces des données fiscales. Ces coûts peuvent avoir des répercussions économiques indirectes, qui doivent être prises en compte lorsque les politiques de lutte contre la fraude fiscale sont mises en œuvre. Il est donc essentiel d'évaluer attentivement les coûts et les avantages de ces politiques pour s'assurer qu'elles sont efficaces et justes pour l'économie et la société dans leur ensemble.

III. Les coûts de mise en œuvre des programmes de contrôle

A. Mise en œuvre des systèmes de vérification fiscale

Les systèmes de vérification fiscale sont utilisés pour détecter les cas de fraude fiscale et pour garantir que les contribuables respectent les lois fiscales en vigueur. Ces systèmes impliquent généralement des équipements, des infrastructures et des contrôles de sécurité, et peuvent avoir des coûts importants pour les gouvernements et les contribuables.

Tout d'abord, les coûts liés aux équipements sont un facteur important dans les coûts de la mise en œuvre des systèmes de vérification fiscale. Les gouvernements doivent acheter et installer des équipements tels que des ordinateurs, des scanners et des caméras pour collecter et stocker les données fiscales. Ils doivent également acheter des logiciels pour analyser ces données et détecter les cas de fraude fiscale. Ces coûts peuvent être très élevés, en particulier si les gouvernements ont besoin de mettre à niveau leurs systèmes existants ou s'ils doivent acheter des équipements spécialisés.

De plus, les coûts liés aux infrastructures sont également importants. Les gouvernements doivent fournir des locaux pour stocker les données fiscales collectées, ainsi que des locaux pour les professionnels impliqués dans la lutte contre la fraude fiscale, tels que les inspecteurs fiscaux et les enquêteurs. Ces locaux doivent être équipés d'un système de sécurité pour protéger les données sensibles et les personnes impliquées dans la lutte contre la fraude fiscale. Les coûts liés à la construction, à la location ou à la maintenance de ces infrastructures peuvent également être importants.

Plus encore, les coûts liés aux contrôles de sécurité doivent également être pris en compte. Les gouvernements doivent garantir que les données fiscales sont protégées contre les cyberattaques et les actes malveillants. Cela peut nécessiter des investissements importants dans des systèmes de sécurité informatique, ainsi que des coûts liés à la formation des professionnels impliqués dans la lutte contre la fraude fiscale pour qu'ils soient conscients des risques de sécurité et des bonnes pratiques.

Ainsi, les coûts liés à la mise en œuvre de systèmes de vérification fiscale peuvent être variables selon les pays. Dans les pays disposant de systèmes fiscaux sophistiqués, les coûts peuvent être relativement faibles, car les systèmes existants peuvent être utilisés pour détecter les cas de fraude fiscale. Dans les pays où les systèmes fiscaux sont moins développés, les coûts de mise en place d'un système de vérification fiscale peuvent être plus élevés.

Néanmoins, il est important de noter que les coûts de la mise en œuvre de systèmes de vérification fiscale peuvent être considérés comme un investissement pour les gouvernements. Les systèmes de vérification fiscale peuvent aider les gouvernements à collecter des recettes fiscales supplémentaires en détectant les cas de fraude fiscale. Cela peut être particulièrement important dans les pays où les recettes fiscales sont faibles par rapport aux besoins des gouvernements en matière de financement des services publics.

Enfin, les coûts de la mise en œuvre de systèmes de vérification fiscale peuvent également contribuer à renforcer la confiance des citoyens dans le système fiscal, en démontrant l'engagement du gouvernement à lutter contre la fraude fiscale et à assurer un traitement équitable pour tous les contribuables.

B. Coûts des poursuites judiciaires

Les poursuites judiciaires sont souvent nécessaires pour punir les contrevenants et pour dissuader d'autres personnes de commettre des infractions fiscales à l'avenir. Ces coûts peuvent inclure les coûts liés aux tribunaux, aux avocats et aux enquêteurs.

Tout d'abord, les coûts des tribunaux peuvent varier considérablement en fonction de la complexité de l'affaire et de la durée de l'instance. Les coûts peuvent inclure les honoraires des juges, des greffiers et des procureurs, ainsi que les frais de fonctionnement de la salle d'audience. Dans les affaires de fraude fiscale, les tribunaux doivent souvent traiter des preuves complexes et des témoignages d'experts, ce qui peut augmenter considérablement les coûts.

Plus encore, les coûts des avocats peuvent également être élevés dans les affaires de fraude fiscale. Les avocats sont souvent nécessaires pour représenter les parties impliquées dans l'affaire, notamment les contrevenants et les organismes gouvernementaux. Les avocats peuvent facturer des honoraires élevés pour leur travail, en particulier pour les affaires complexes qui nécessitent une expertise fiscale et juridique.

De même, les enquêteurs peuvent être nécessaires pour collecter des preuves dans les affaires de fraude fiscale. Ces enquêteurs peuvent être des agents des services fiscaux ou des enquêteurs privés. Les coûts associés aux enquêteurs peuvent inclure les frais de déplacement, les honoraires d'expertise et les coûts liés à la collecte et à l'analyse de données fiscales.

Les coûts de la poursuite judiciaire peuvent également être liés à la durée de l'audience et à la complexité de l'affaire. Les affaires de fraude fiscale peuvent prendre des années pour être résolues, ce qui peut entraîner des coûts considérables pour les organismes gouvernementaux et les contrevenants. En outre, les affaires complexes peuvent nécessiter l'utilisation de ressources considérables pour collecter des preuves et pour enquêter sur les activités fiscales des contrevenants.

Enfin, les coûts de la poursuite judiciaire peuvent également être liés aux amendes et aux peines imposées aux contrevenants. Les amendes peuvent être une source importante de revenus pour les organismes gouvernementaux, mais elles peuvent également être difficiles à percevoir dans certains cas. Les peines peuvent également être coûteuses, en particulier si elles impliquent une peine d'emprisonnement ou une peine de probation.

En conclusion, les coûts des poursuites judiciaires dans la lutte contre la fraude fiscale peuvent être considérables. Ces coûts peuvent inclure les coûts des tribunaux, des avocats et des enquêteurs, ainsi que les coûts liés à la durée et à la complexité de l'affaire. Cependant, ces coûts sont souvent nécessaires pour punir les contrevenants et pour dissuader d'autres personnes de commettre des infractions fiscales à l'avenir, ce qui peut contribuer à maintenir l'intégrité du système fiscal et à protéger les recettes fiscales de l'État.

C. Coûts de mise en place des dénonciations

Ces programmes, également connus sous le nom de programmes de lanceurs d'alerte ou de *whistleblowers*, offrent une récompense financière à toute personne qui fournit des informations sur des activités illégales ou frauduleuses à l'administration fiscale. Bien que ces programmes soient souvent présentés comme un moyen efficace de prévenir la fraude fiscale, ils peuvent également générer des coûts administratifs importants.

Le coût le plus évident des programmes de dénonciation est le coût de la communication et de la publicité pour promouvoir ces programmes. Les gouvernements doivent dépenser des sommes considérables pour informer le public de l'existence de ces programmes, les inciter à les utiliser et expliquer comment les utiliser. Les campagnes publicitaires doivent être bien ciblées et largement diffusées pour maximiser l'effet de ces programmes. Les messages publicitaires doivent être clairs et convaincants, pour encourager les gens à participer sans les effrayer ou les décourager.

Un autre coût important des programmes de dénonciation est le coût de la gestion et de l'examen des informations fournies par les dénonciateurs. Les gouvernements doivent mettre en place des systèmes pour recevoir, trier et examiner les informations reçues de manière à identifier celles qui sont pertinentes et fiables, et celles qui ne le sont pas. Cette tâche est souvent longue et fastidieuse, car les informations reçues sont souvent fragmentaires ou peu fiables. Les gouvernements doivent disposer de personnel et de systèmes informatiques adaptés pour effectuer ces tâches de manière efficace.

Un troisième coût lié aux programmes de dénonciation est le coût des enquêtes et des poursuites judiciaires qui découlent de ces informations. Si les informations fournies par les dénonciateurs s'avèrent pertinentes et fiables, les gouvernements doivent enquêter sur les activités illégales ou frauduleuses signalées, ce qui peut impliquer des coûts importants liés aux enquêtes, à la collecte de preuves et à la poursuite des auteurs. Dans certains cas, les gouvernements peuvent même devoir indemniser les dénonciateurs en cas de procédures judiciaires réussies.

Enfin, un dernier coût indirect des programmes de dénonciation est le coût de l'effet dissuasif de ces programmes sur les contribuables et les entreprises. Les programmes de dénonciation peuvent inciter les contribuables et les entreprises à être plus prudents dans leurs déclarations fiscales, ce qui peut réduire la fraude fiscale à long terme. Toutefois, cela peut également entraîner des coûts indirects, tels que la réduction des investissements et de la productivité des entreprises, en raison de la crainte d'être dénoncé. Les programmes de dénonciation peuvent également réduire la confiance des contribuables dans le système fiscal, ce qui peut nuire à la perception de l'équité fiscale et à l'acceptation des lois fiscales.

En France, depuis le 1er janvier 2017[7], le Gouvernement peut autoriser l'administration fiscale à indemniser toute personne qui lui fournirait des renseignements conduisant à la découverte d'un manquement d'un contribuable dans le cadre de ses diverses obligations fiscales déclaratives.

En conclusion, bien que les programmes de dénonciation soient souvent présentés comme un moyen efficace de prévenir la fraude fiscale, il est important de prendre en compte les coûts administratifs associés à ces programmes pour évaluer leur pertinence et leur efficacité globale dans la lutte contre la fraude fiscale.

IV. Les coûts indirects et de coordination

A. Coûts indirects liés aux répercussions économiques

Les coûts indirects liés aux répercussions économiques de la lutte contre la fraude fiscale sont souvent difficiles à quantifier et à évaluer. Cependant, ces coûts peuvent être importants pour les entreprises et les ménages qui se conforment aux règles fiscales, ainsi que pour l'ensemble de l'économie. Dans cette section, nous examinerons les coûts indirects de la lutte contre la fraude fiscale et leur impact sur l'économie.

Premièrement, les coûts indirects de la lutte contre la fraude fiscale se manifestent principalement sous la forme de pertes de revenus fiscaux pour les entreprises et les ménages. Lorsque les autorités fiscales mettent en place des programmes pour lutter contre la fraude fiscale, les entreprises et les ménages qui ne respectent pas les règles fiscales doivent payer des amendes et des impôts supplémentaires. Cependant, cela peut également entraîner des pertes de revenus fiscaux pour les entreprises et les ménages qui respectent les règles fiscales, car les autorités fiscales peuvent augmenter leur surveillance fiscale et demander des informations fiscales supplémentaires.

---

[7] https://www.legifrance.gouv.fr/jorf/id/JORFTEXT000033734169/

Deuxièmement, les coûts indirects de la lutte contre la fraude fiscale peuvent également se manifester sous la forme de pertes de productivité pour les entreprises. Lorsque les entreprises sont soumises à une surveillance fiscale accrue, cela peut entraîner une augmentation des coûts administratifs pour respecter les règles fiscales, notamment en ce qui concerne la collecte et la documentation des données fiscales. En outre, les entreprises peuvent également devoir consacrer du temps et des ressources à répondre aux demandes des autorités fiscales, ce qui peut affecter leur productivité.

Troisièmement, la lutte contre la fraude fiscale peut également avoir un impact négatif sur la croissance économique. Lorsque les autorités fiscales augmentent la surveillance fiscale, cela peut entraîner une diminution de la confiance des entreprises et des ménages dans le système fiscal. Cela peut réduire les investissements et les dépenses de consommation, qui sont des moteurs clés de la croissance économique.

Enfin, les coûts indirects de la lutte contre la fraude fiscale peuvent également se manifester sous la forme d'une réduction de la compétitivité des entreprises. Lorsque les entreprises sont soumises à des règles fiscales plus strictes que leurs concurrents étrangers, cela peut entraîner une réduction de leur compétitivité. En outre, les entreprises peuvent être incitées à déplacer leurs activités vers des pays où les règles fiscales sont moins strictes, ce qui peut entraîner une réduction de l'activité économique dans le pays.

Finalement, les coûts indirects de la lutte contre la fraude fiscale peuvent être importants pour les entreprises et les ménages qui se conforment aux règles fiscales, ainsi que pour l'ensemble de l'économie. Ces coûts peuvent se manifester sous la forme de pertes de revenus fiscaux, de pertes de productivité, de réductions de la croissance économique et de réductions de la compétitivité des entreprises. Cependant, il convient également de noter que la lutte contre la fraude fiscale peut également avoir des avantages économiques indirects, tels que l'amélioration de la confiance dans le système fiscal et la réduction des distorsions économiques causées par les activités frauduleuses. Par conséquent, il est important de considérer à la fois les coûts et les avantages de la lutte contre la fraude fiscale pour comprendre son impact global sur l'économie et la société.

B. Coûts de coordination entres les organismes gouvernementaux

Les coûts de la coordination sont souvent sous-estimés, mais ils peuvent être significatifs dans la mesure où la fraude fiscale est souvent transnationale. Cette sous-partie explorera donc les différentes dimensions de la coordination internationale en matière de lutte contre la fraude fiscale. La coordination entre les différents organismes gouvernementaux et les pays est essentielle pour lutter efficacement contre la fraude fiscale. Les activités de lutte contre la fraude fiscale sont souvent menées par différents organismes, tels que les services fiscaux, les autorités judiciaires et les forces de l'ordre, et la coordination est donc nécessaire pour assurer la coopération entre ces organismes. De même, la fraude fiscale est souvent transnationale, ce qui rend la coordination internationale d'autant plus importante. Cette coordination, donc, implique des coûts administratifs importants. Tout d'abord, la coordination exige une planification et une gestion efficaces des activités de lutte contre la fraude fiscale, ce qui nécessite souvent des investissements dans des systèmes de gestion des données et des technologies de l'information. De plus, la coordination exige une communication efficace entre les différents organismes gouvernementaux, ce qui peut nécessiter des investissements dans des systèmes de communication et des programmes de formation pour les agents gouvernementaux.

La coordination internationale implique également des coûts administratifs significatifs. Les pays doivent collaborer pour échanger des informations fiscales et pour coordonner leurs activités de lutte contre la fraude fiscale. Cette collaboration exige des investissements dans des systèmes d'information pour stocker et partager des données fiscales, ainsi que dans des technologies de cryptage et des protocoles de sécurité pour protéger les données. De plus, les pays doivent établir des normes communes pour les pratiques fiscales et les règles de conformité afin de faciliter la coordination.

Les coûts administratifs de la coordination internationale peuvent être particulièrement élevés pour les pays en développement qui n'ont pas les mêmes capacités administratives et technologiques que les pays développés. Les pays en développement doivent souvent investir davantage dans les infrastructures et les technologies pour pouvoir participer pleinement à la coordination internationale. De plus, les pays en développement peuvent être confrontés à des coûts supplémentaires liés à la formation de leur personnel et à l'élaboration de politiques fiscales conformes aux normes internationales.

Finalement, ces coûts administratifs de la coordination internationale en matière de lutte contre la fraude fiscale sont importants, mais ils sont justifiés par les avantages potentiels de la lutte contre la fraude fiscale. La coordination internationale peut aider à réduire la fraude fiscale transnationale, ce qui peut avoir des effets bénéfiques sur les recettes fiscales, la justice fiscale et la confiance dans le système fiscal. De plus, la coordination internationale peut contribuer à renforcer la coopération entre les pays, ce qui peut avoir des effets positifs sur les échanges commerciaux et les relations diplomatiques. Par conséquent, bien que les coûts administratifs de la coordination internationale soient importants, les avantages potentiels pour l'économie et la société sont également significatifs.

Chapitre 2 : L'identification des coûts politiques

Les coûts politiques des politiques de lutte contre la fraude fiscale peuvent prendre plusieurs formes. Les politiques de lutte contre la fraude fiscale peuvent être impopulaires auprès de certains groupes de contribuables, ce qui peut entraîner des coûts politiques pour les gouvernements. Par exemple, les politiques de lutte contre la fraude fiscale peuvent être considérées comme trop agressives ou injustes par certains contribuables, ce qui peut conduire à une résistance politique. Les groupes d'intérêts spéciaux peuvent s'organiser pour faire pression sur les gouvernements pour qu'ils réduisent les efforts de lutte contre la fraude fiscale.

Les gouvernements peuvent également être confrontés à des coûts politiques lorsqu'ils ne parviennent pas à collecter suffisamment de recettes fiscales malgré les politiques de lutte contre la fraude fiscale. Dans de tels cas, les gouvernements peuvent être critiqués pour leur inefficacité dans la lutte contre la fraude fiscale ou pour leur incapacité à utiliser efficacement les ressources fiscales collectées.

Enfin, les politiques de lutte contre la fraude fiscale peuvent être compliquées et difficiles à communiquer aux contribuables. Si les contribuables ne comprennent pas pourquoi ils sont soumis à des contrôles fiscaux ou s'ils considèrent que les politiques sont trop complexes, cela peut entraîner une résistance politique ou une méfiance envers le système fiscal.

En conclusion, les coûts politiques des politiques de lutte contre la fraude fiscale peuvent se manifester par une résistance politique, des pressions d'intérêts spéciaux, une inefficacité perçue ou une méfiance envers le système fiscal. Les gouvernements doivent être conscients de ces coûts politiques et trouver des moyens de les atténuer pour concevoir des politiques de lutte contre la fraude fiscale efficaces.

I. Refus des contrôles fiscaux par les contribuables

A. Résistance des contribuables

Lorsque les gouvernements mettent en place des politiques de lutte contre la fraude fiscale, ils peuvent être confrontés à une résistance des contribuables qui se sentent injustement ciblés ou qui estiment que les politiques sont trop agressives.

Cette résistance des contribuables peut prendre plusieurs formes, notamment le refus de coopérer avec les autorités fiscales, le non-paiement des impôts, ou encore la recherche de stratégies de contournement. Les contribuables peuvent également se mobiliser pour contester les politiques de lutte contre la fraude fiscale, en utilisant des moyens de pression politique pour faire valoir leur point de vue.

Cela peut donc avoir plusieurs conséquences négatives sur les politiques de lutte contre la fraude fiscale. Tout d'abord, elle peut réduire l'efficacité des politiques en empêchant les autorités fiscales d'accéder aux informations nécessaires pour détecter les fraudes fiscales. De plus, la résistance des contribuables peut également entraîner une réduction des recettes fiscales, ce qui peut compromettre la viabilité des politiques de lutte contre la fraude fiscale à long terme.

Par ailleurs, la résistance des contribuables peut également avoir des conséquences politiques pour les gouvernements. Les contribuables qui résistent aux politiques de lutte contre la fraude fiscale peuvent devenir des opposants politiques qui critiquent les gouvernements pour leur manque de transparence ou leur supposée inefficacité. La résistance des contribuables peut également entraîner une perte de confiance dans le système fiscal, ce qui peut affecter la crédibilité du gouvernement et son autorité.

Enfin, la résistance des contribuables peut être perçue comme un coût politique pour les gouvernements. Les gouvernements peuvent être accusés de s'attaquer aux contribuables ordinaires plutôt qu'aux grandes entreprises ou aux individus les plus riches. Les politiques de lutte contre la fraude fiscale peuvent être considérées comme injustes ou disproportionnées, ce qui peut entraîner une baisse de la popularité du gouvernement.

Pour atténuer ces effets négatifs de la résistance des contribuables, les gouvernements doivent mettre en place des politiques de lutte contre la fraude fiscale équitables, efficaces et transparentes. Les gouvernements doivent également communiquer sur l'importance de la lutte contre la fraude fiscale et sur les avantages économiques et sociaux qui en découlent. Les politiques de lutte contre la fraude fiscale doivent être justes et ciblées de manière à éviter de stigmatiser les contribuables ordinaires ou de provoquer une résistance politique.

En conclusion, la résistance des contribuables face aux politiques de lutte contre la fraude fiscale est un des coûts politiques les plus importants de ces politiques. Les gouvernements doivent être conscients de ce coût politique et trouver des moyens de le réduire pour concevoir des politiques de lutte contre la fraude fiscale efficaces. Les politiques de lutte contre la fraude fiscale doivent être perçues comme équitables, efficaces et justes pour être acceptées par la population et pour atteindre leur objectif de réduction de la fraude fiscale.

B. La mobilisation des groupes d'intérêts spéciaux

Les groupes d'intérêts spéciaux sont des organisations ou des personnes qui cherchent à influencer les politiques publiques afin de promouvoir leurs intérêts particuliers. Dans le contexte de la lutte contre la fraude fiscale, ces groupes peuvent inclure des entreprises, des lobbyistes, des organisations professionnelles ou des particuliers qui ont des intérêts financiers dans le maintien du *statu quo*.

Lorsque le gouvernement décide de renforcer la lutte contre la fraude fiscale, cela peut entraîner une réaction des groupes d'intérêts spéciaux qui sont directement touchés par ces politiques. Par exemple, des entreprises ou des organisations professionnelles peuvent faire pression sur les gouvernements pour qu'ils réduisent les contrôles fiscaux ou qu'ils introduisent des échappatoires fiscales.

Les groupes d'intérêts spéciaux peuvent utiliser diverses tactiques pour influencer les politiques de lutte contre la fraude fiscale. Ils peuvent faire du lobbying auprès des législateurs ou des fonctionnaires gouvernementaux, organiser des campagnes de relations publiques pour influencer l'opinion publique ou faire pression sur les médias pour qu'ils relaient leur point de vue.

Les groupes d'intérêts spéciaux peuvent également utiliser des arguments pour remettre en cause la légitimité des politiques de lutte contre la fraude fiscale. Ils peuvent affirmer que les politiques sont trop coûteuses, qu'elles pénalisent les entreprises ou les particuliers honnêtes ou qu'elles ne sont pas efficaces pour lutter contre la fraude fiscale.[8]

Cette mobilisation des groupes d'intérêts spéciaux peut entraîner des coûts politiques importants pour les gouvernements. Si les gouvernements ne parviennent pas à résister à la pression des groupes d'intérêts spéciaux, ils peuvent être amenés à réduire les politiques de lutte contre la fraude fiscale, ce qui peut réduire les recettes fiscales et affaiblir la capacité des gouvernements à financer les services publics.

Au-delà, la mobilisation des groupes d'intérêts spéciaux peut également affecter la confiance des citoyens dans le système fiscal. Si les contribuables ont le sentiment que certaines entreprises ou certains particuliers bénéficient d'un traitement de faveur, cela peut susciter un sentiment d'injustice fiscale et saper la confiance dans le système fiscal dans son ensemble.

Ainsi, pour minimiser les coûts politiques associés à la lutte contre la fraude fiscale, les gouvernements doivent être conscients de la mobilisation des groupes d'intérêts spéciaux et des tactiques qu'ils utilisent pour influencer les politiques fiscales. Les gouvernements peuvent chercher à accroître la transparence et à renforcer la participation citoyenne pour réduire l'influence des groupes d'intérêts spéciaux. Ils peuvent également renforcer la coopération internationale pour lutter contre la fraude fiscale transfrontalière et réduire les opportunités pour les contribuables de bénéficier d'un traitement de faveur.

---

[8] https://www.vie-publique.fr/eclairage/271135-groupes-dinterets-lobbying-vers-un-controle-accru

In fine, la mobilisation des groupes d'intérêts spéciaux est un coût politique important associé à la lutte contre la fraude fiscale, mais il existe des stratégies pour minimiser son impact et maintenir des politiques fiscales efficaces et justes.

C. Perte de la confiance des contribuables

Cette perte de confiance peut avoir des conséquences graves sur l'efficacité des politiques fiscales et sur la perception globale de la légitimité de l'État.

En effet, la fraude fiscale est souvent perçue comme un symptôme de l'injustice fiscale et de l'inefficacité de l'État à garantir une répartition équitable des charges fiscales. Lorsque les contribuables ont l'impression que les fraudeurs ne sont pas suffisamment punis ou que les efforts pour lutter contre la fraude fiscale sont insuffisants, cela peut engendrer une frustration et une colère contre le système fiscal.

La perte de confiance des contribuables peut également se manifester par une diminution de la volonté des contribuables de se conformer aux règles fiscales. Les contribuables peuvent être tentés de fraude fiscale eux-mêmes s'ils considèrent que les politiques de lutte contre la fraude fiscale sont trop faibles ou s'ils ne croient pas que l'État est capable de garantir une répartition équitable des charges fiscales.

Cela peut également avoir des conséquences sur la participation politique des contribuables. Si les contribuables perdent confiance dans le système fiscal, cela peut réduire leur participation aux élections et leur soutien aux partis politiques. Cela peut également avoir un impact sur leur engagement civique et leur participation aux affaires publiques.

La perte de confiance des contribuables peut également affecter l'image de l'État et sa réputation à l'échelle internationale. Si l'État est considéré comme incapable de garantir une répartition équitable des charges fiscales ou de lutter efficacement contre la fraude fiscale, cela peut nuire à son attractivité pour les investisseurs étrangers. Les investisseurs peuvent être dissuadés d'investir dans un pays qui est considéré comme ayant un système fiscal injuste ou inefficace.

Plus encore, la perte de confiance des contribuables peut également avoir des conséquences sur l'efficacité des politiques fiscales en général. Si les contribuables ont l'impression que les politiques fiscales sont injustes ou inefficaces, ils peuvent être moins enclins à se conformer aux règles fiscales. Cela peut entraîner une diminution des recettes fiscales, ce qui peut affecter la capacité de l'État à fournir des services publics et à investir dans l'économie.

Ainsi, la perte de confiance des contribuables dans le système fiscal est l'un des coûts politiques importants des politiques de lutte contre la fraude fiscale. Cette perte de confiance peut avoir des conséquences graves sur l'efficacité des politiques fiscales, sur la participation politique des contribuables et sur l'image de l'État à l'échelle internationale. Les gouvernements doivent être conscients de ces coûts et trouver des moyens de les atténuer pour concevoir des politiques de lutte contre la fraude fiscale efficaces.

II. Conséquences immédiates sur l'économie
A. Diminution de l'investissement

Les politiques de lutte contre la fraude fiscale, telles que l'augmentation des taux d'imposition et l'intensification des contrôles fiscaux, peuvent entraîner une diminution de l'investissement en décourageant les entreprises à investir dans un pays.

Les entreprises peuvent être découragées d'investir si elles perçoivent que les politiques fiscales sont trop rigoureuses ou si elles considèrent que le risque de se faire contrôler est trop élevé. De plus, les politiques de lutte contre la fraude fiscale peuvent également avoir des effets négatifs sur l'innovation et la croissance économique en général.

Une étude menée par l'OCDE[9] en 2018 a montré que la lutte contre la fraude fiscale peut avoir des effets négatifs sur la croissance économique. L'étude a révélé que les économies les plus efficaces en matière de lutte contre la fraude fiscale sont celles qui parviennent à maintenir un équilibre entre l'efficacité de la lutte contre la fraude fiscale et l'encouragement à l'investissement et à la croissance économique.

En effet, une politique fiscale trop agressive peut entraîner une diminution de l'investissement, ce qui peut à son tour réduire la croissance économique. Les entreprises peuvent également choisir de s'installer dans des pays où les politiques fiscales sont moins strictes, ce qui peut entraîner une fuite des capitaux et des cerveaux.

De même, les politiques de lutte contre la fraude fiscale peuvent également entraîner des coûts administratifs élevés pour les entreprises. Les entreprises doivent consacrer des ressources considérables à la mise en conformité fiscale et à la gestion des risques fiscaux. Les petites entreprises peuvent être particulièrement touchées par ces coûts, ce qui peut limiter leur capacité à investir et à croître.

Enfin, les politiques de lutte contre la fraude fiscale peuvent également avoir des effets négatifs sur les entreprises qui sont légitimement enregistrées et qui paient leurs impôts en temps voulu. Si ces entreprises perçoivent que d'autres entreprises ne paient pas leur juste part d'impôts, elles peuvent

---

[9] https://www.oecd.org/fr/presse/laluttecontrelafraudefiscale.htm

considérer cela comme une concurrence déloyale. Cela peut conduire à une perte de confiance dans le système fiscal et à une baisse de l'investissement.

En conclusion, la lutte contre la fraude fiscale peut avoir des effets économiques négatifs, notamment en ce qui concerne la réduction de l'investissement. Les gouvernements doivent être conscients de ces effets et trouver des moyens d'atténuer les coûts économiques tout en maximisant les bénéfices économiques et sociaux de leurs politiques fiscales.

B. Diminution de l'emploi dans les secteurs touchés par ces politiques fiscales

La lutte contre la fraude fiscale peut avoir des conséquences économiques significatives sur l'emploi et la croissance, en particulier pour les secteurs directement concernés par ces politiques. Les entreprises qui sont soumises à des contrôles fiscaux peuvent être contraintes de réduire leur personnel ou d'annuler des projets d'investissement en raison des coûts administratifs élevés associés à la conformité fiscale.

Les contrôles fiscaux peuvent également affecter négativement la perception que les entreprises ont de l'environnement des affaires, ce qui peut décourager les investissements à long terme dans un pays. Les entreprises peuvent craindre que les politiques fiscales actuelles ne soient pas durables, ce qui peut les inciter à chercher des alternatives plus stables et moins risquées.

Les coûts administratifs liés à la mise en œuvre de la lutte contre la fraude fiscale peuvent également avoir des effets néfastes sur l'emploi et la croissance économique. Les entreprises peuvent être contraintes de consacrer des ressources importantes à la mise en conformité fiscale, ce qui peut réduire leur capacité à investir dans des projets de croissance ou à embaucher de nouveaux employés.

De plus, la mise en place de politiques de lutte contre la fraude fiscale peut avoir un effet dissuasif sur l'investissement dans certains secteurs, tels que ceux considérés comme à risque de fraude fiscale. Les entreprises peuvent être dissuadées de s'implanter dans ces secteurs en raison des risques associés aux contrôles fiscaux et à la conformité fiscale.

Ainsi, dans certains cas, les politiques de lutte contre la fraude fiscale peuvent également entraîner des perturbations sur les marchés financiers et boursiers. Les investisseurs peuvent être incités à retirer leur argent des entreprises qui sont soumises à des contrôles fiscaux, ce qui peut entraîner une baisse des cours boursiers et une instabilité sur les marchés financiers.

Cependant, il est important de souligner que ces impacts économiques négatifs ne sont pas inévitables et peuvent être atténués par une bonne conception des politiques fiscales. Par exemple, les gouvernements peuvent encourager la conformité fiscale en offrant des incitations fiscales aux entreprises qui respectent les règles fiscales ou en fournissant des services de conseil et de soutien aux contribuables.

Plus encore, la lutte contre la fraude fiscale peut également avoir des effets économiques positifs. Les recettes fiscales accrues peuvent être réinvesties dans des projets d'infrastructure et de développement économique qui stimulent la croissance économique et créent des emplois. De plus, la lutte contre la fraude fiscale peut aider à maintenir une concurrence équitable entre les entreprises en empêchant les entreprises non conformes de bénéficier d'un avantage concurrentiel injuste.

Finalement, cela montre que ces politiques peuvent avoir des impacts économiques négatifs sur l'emploi et la croissance économique, en particulier pour les secteurs directement touchés. Toutefois, ces effets négatifs peuvent être atténués par une bonne conception des politiques fiscales et des mesures d'accompagnement pour aider les contribuables à se conformer aux règles fiscales. De plus, la lutte contre la fraude fiscale peut également avoir des effets économiques positifs tels que des recettes fiscales accrues pouvant être réinvesties dans des projets d'infrastructure et de développement économique, ainsi que la préservation d'une concurrence équitable entre les entreprises.

C. Risque de perte de revenus publics

La mise en place de politiques de lutte contre la fraude fiscale est une priorité pour de nombreux gouvernements. Cependant, ces politiques peuvent avoir des coûts politiques importants, y compris la perception d'inefficacité de la part des contribuables. Si les politiques de lutte contre la fraude fiscale ne sont pas efficaces, les gouvernements risquent de perdre des recettes fiscales importantes. De plus, la perception d'inefficacité peut réduire la confiance des contribuables dans le système fiscal et entraver la mise en place de politiques futures.

La lutte contre la fraude fiscale est un défi complexe, qui nécessite souvent des investissements importants en ressources humaines et financières. La mise en place de politiques efficaces nécessite des contrôles fiscaux réguliers, la coopération internationale et la mise en place de sanctions efficaces. Toutefois, ces mesures peuvent être coûteuses pour les gouvernements et exiger une charge administrative élevée.

De plus, la mise en place de politiques de lutte contre la fraude fiscale peut avoir des impacts économiques négatifs, notamment sur la croissance et l'emploi. Les politiques de lutte contre la fraude fiscale peuvent entraîner une réduction de l'investissement des entreprises, qui cherchent à éviter les coûts associés à la conformité fiscale. Les entreprises qui sont touchées par les politiques de lutte contre la fraude fiscale peuvent également réduire leurs effectifs pour faire face aux coûts supplémentaires. Ces réductions d'effectifs peuvent entraîner une diminution de la consommation, ce qui peut ralentir la croissance économique.

De même, si les politiques de lutte contre la fraude fiscale ne sont pas efficaces, elles peuvent entraîner une perte de revenus pour les gouvernements. Les contribuables peuvent utiliser des stratégies d'évasion fiscale pour éviter les contrôles fiscaux, réduisant ainsi les recettes fiscales. De plus, les politiques de lutte contre la fraude fiscale inefficaces peuvent entraîner une réduction de la perception de l'efficacité du système fiscal, ce qui peut entraîner une diminution de la conformité fiscale à long terme.

Les politiques de lutte contre la fraude fiscale peuvent également entraîner des tensions politiques avec les pays partenaires dans le cadre de la coopération internationale. Les gouvernements peuvent avoir des objectifs différents en matière de lutte contre la fraude fiscale, et les politiques mises en place par un pays peuvent être considérées comme trop agressives par d'autres pays. Les tensions politiques peuvent réduire la coopération internationale et rendre la lutte contre la fraude fiscale plus difficile.

Enfin, la mise en place de politiques de lutte contre la fraude fiscale peut également avoir un impact sur l'attractivité du pays pour les investisseurs étrangers. Si les politiques de lutte contre la fraude fiscale sont perçues comme étant trop agressives ou inefficaces, cela peut réduire l'attractivité du pays pour les investisseurs étrangers. Les investisseurs peuvent craindre que les politiques fiscales soient instables ou qu'elles entraînent des coûts supplémentaires importants, ce qui peut entraîner une baisse des investissements étrangers et affecter la croissance économique à long terme.

III. Les enjeux politiques au cœur du système fiscal
A. Complexité des politiques de lutte contre la fraude fiscale

Les politiques fiscales sont souvent complexes et difficiles à comprendre pour les contribuables, mais les politiques de lutte contre la fraude fiscale sont souvent encore plus complexes. Cela est dû en partie à la nature sophistiquée des stratégies de fraude fiscale utilisées par les contribuables, qui nécessitent des techniques avancées pour être détectées et prévenues.

Cependant, la complexité des politiques de lutte contre la fraude fiscale peut également découler de la nature des politiques elles-mêmes. Les politiques de lutte contre la fraude fiscale peuvent inclure une multitude de mesures et de réglementations, telles que la surveillance fiscale, les audits, les enquêtes, les sanctions, les amnisties fiscales, les programmes de dénonciation, les conventions fiscales internationales, les échanges automatiques d'informations fiscales, les listes noires fiscales et les critères de substance fiscale.

Toutes ces mesures peuvent être difficiles à comprendre pour les contribuables, surtout si elles sont appliquées de manière incohérente ou si elles diffèrent d'un pays à l'autre. Les contribuables peuvent avoir du mal à savoir exactement ce qu'ils doivent faire pour respecter les politiques de lutte contre la fraude fiscale, ce qui peut entraîner une confusion et une méfiance envers le système fiscal.

Plus encore, la complexité des politiques de lutte contre la fraude fiscale peut également augmenter les coûts administratifs pour les gouvernements. Les gouvernements doivent consacrer des ressources considérables pour mettre en place et appliquer les politiques de lutte contre la fraude fiscale, y compris pour la formation du personnel, la collecte de données fiscales, la mise en œuvre de nouvelles réglementations et la coordination avec d'autres pays.

Ces coûts à la fois administratifs et politiques peuvent être particulièrement élevés dans le cadre de la coopération internationale pour la lutte contre la fraude fiscale, car cela nécessite souvent une coordination complexe entre les pays. Les gouvernements doivent établir des protocoles d'échange d'informations fiscales, résoudre les conflits de juridiction et garantir la confidentialité et la sécurité des données fiscales échangées. Tout cela peut ajouter à la complexité des politiques de lutte contre la fraude fiscale et augmenter les coûts administratifs pour les gouvernements.

Enfin, la complexité des politiques de lutte contre la fraude fiscale peut également rendre difficile leur évaluation et leur amélioration. Les gouvernements doivent être en mesure d'évaluer l'efficacité de leurs politiques de lutte contre la fraude fiscale pour pouvoir les améliorer au fil du temps. Cela peut être difficile si les politiques sont trop complexes ou si les résultats sont difficiles à mesurer.

En conclusion, la complexité des politiques de lutte contre la fraude fiscale peut entraîner des coûts politiques pour les gouvernements en augmentant la confusion des contribuables, en augmentant les coûts administratifs et en rendant difficile l'évaluation et l'amélioration des politiques. Les gouvernements doivent être conscients de ces coûts et chercher un équilibre entre l'efficacité de la lutte contre la fraude fiscale et la complexité des politiques pour minimiser ces coûts politiques.

B. Coopération internationale, source de tensions

La coopération internationale est essentielle dans la lutte contre la fraude fiscale. Cependant, les politiques de lutte contre la fraude fiscale peuvent engendrer des tensions politiques avec les pays partenaires dans le cadre de cette coopération internationale. Ces tensions peuvent avoir des conséquences néfastes sur les relations diplomatiques entre les pays, ainsi que sur les politiques économiques et fiscales.

Tout d'abord, les politiques de lutte contre la fraude fiscale peuvent entraîner des tensions politiques avec les pays partenaires si les mesures prises sont considérées comme trop agressives ou injustes. Par exemple, si un pays adopte des politiques de lutte contre la fraude fiscale qui visent spécifiquement les contribuables étrangers, cela peut entraîner des tensions diplomatiques avec les pays d'origine de ces contribuables. Les gouvernements étrangers pourraient alors être tentés de prendre des mesures de représailles contre le pays qui a adopté ces politiques.

De plus, les politiques de lutte contre la fraude fiscale peuvent également entraîner des tensions politiques avec les pays partenaires si les pays ne coopèrent pas efficacement dans le cadre de la lutte contre la fraude fiscale. Si un pays est perçu comme ne pas coopérer suffisamment ou ne pas respecter les accords internationaux en matière de lutte contre la fraude fiscale, cela peut entraîner des tensions avec les autres pays partenaires. Ces tensions peuvent prendre la forme de sanctions économiques, de pressions diplomatiques ou de mesures de représailles fiscales.

Plus encore, les politiques de lutte contre la fraude fiscale peuvent avoir des conséquences négatives sur les politiques économiques et fiscales des pays partenaires. Si un pays adopte des politiques de lutte contre la fraude fiscale qui réduisent les flux de capitaux en provenance des pays partenaires, cela peut avoir un impact négatif sur l'économie des pays partenaires. Les flux de capitaux sont essentiels pour stimuler la croissance économique et réduire le chômage. Si ces flux de capitaux sont entravés, cela peut avoir des conséquences néfastes sur les politiques économiques et fiscales des pays partenaires.

Finalement, les politiques de lutte contre la fraude fiscale peuvent entraîner des tensions politiques avec les pays partenaires dans le cadre de la coopération internationale. Ces tensions peuvent prendre la forme de mesures de représailles, de sanctions économiques ou de pressions diplomatiques. Les gouvernements doivent donc trouver des moyens de coopérer efficacement avec les autres pays partenaires pour concevoir des politiques de lutte contre la fraude fiscale qui soient efficaces et qui ne compromettent pas les relations diplomatiques et économiques entre les pays partenaires. Cela peut nécessiter une coordination internationale plus étroite, ainsi qu'un dialogue transparent et constructif entre les gouvernements pour résoudre les différends qui peuvent survenir dans le cadre de la lutte contre la fraude fiscale.

C. L'impact de l'image de la politique, reflet de l'attractivité pour les investisseurs

La lutte contre la fraude fiscale est un sujet de préoccupation important pour de nombreux gouvernements dans le monde entier. En effet, la fraude fiscale est une pratique qui nuit à l'économie de nombreux pays en réduisant les recettes fiscales et en affaiblissant la confiance des citoyens dans le système fiscal. Les gouvernements ont donc mis en place des politiques de lutte contre la fraude fiscale pour minimiser son impact sur l'économie.

Cependant, les politiques de lutte contre la fraude fiscale peuvent avoir des coûts politiques importants, notamment en termes d'attractivité du pays pour les investisseurs étrangers. En effet, les politiques de lutte contre la fraude fiscale peuvent être considérées comme un signe de gouvernance faible ou de corruption dans le pays, ce qui peut décourager les investisseurs étrangers.

Dès lors, l'impact de la lutte contre la fraude fiscale sur l'attractivité du pays pour les investisseurs étrangers dépend de plusieurs facteurs. Tout d'abord, il dépend de la manière dont les politiques de lutte contre la fraude fiscale sont mises en place. Si les politiques sont trop agressives ou si elles ont des conséquences imprévues sur les entreprises, cela peut affecter négativement l'attractivité du pays pour les investisseurs étrangers.

De plus, l'impact de la lutte contre la fraude fiscale sur l'attractivité du pays dépend également de la manière dont elle est perçue par les investisseurs étrangers. Si les politiques de lutte contre la fraude fiscale sont considérées comme justes et équitables, cela peut renforcer la confiance des investisseurs étrangers dans le système fiscal du pays. Au contraire, si elles sont considérées comme excessives ou injustes, cela peut nuire à la réputation du pays et à son attractivité pour les investisseurs étrangers.

Plus encore, la perception des investisseurs étrangers de la lutte contre la fraude fiscale peut varier en fonction du secteur d'activité concerné. Par exemple, les secteurs à forte intensité capitalistique, tels que la finance et les services professionnels, peuvent être plus sensibles aux politiques de lutte contre la fraude fiscale que les secteurs à faible intensité capitalistique, tels que l'agriculture et la construction.

Malgré les coûts politiques potentiels associés à la lutte contre la fraude fiscale, les gouvernements doivent continuer à mettre en place des politiques de lutte contre la fraude fiscale pour protéger l'économie du pays et renforcer la confiance des citoyens dans le système fiscal. Les gouvernements peuvent également mettre en place des politiques d'incitation pour encourager les investisseurs étrangers à investir dans le pays, même s'ils mettent en place des politiques de lutte contre la fraude fiscale.

En conclusion, les politiques de lutte contre la fraude fiscale peuvent avoir des coûts politiques importants en termes d'attractivité du pays pour les investisseurs étrangers. Les gouvernements doivent trouver un équilibre entre la lutte contre la fraude fiscale et la promotion de l'investissement étranger pour maintenir une économie forte et stable tout en garantissant une gouvernance fiscale juste et équitable pour tous les citoyens.

Chapitre 3 : L'identification des coûts économiques

Les coûts économiques liés aux politiques de lutte contre la fraude fiscale peuvent être importants. Ils comprennent les coûts de conformité pour les entreprises et les effets négatifs sur la croissance économique. En effet, les coûts de conformité peuvent inclure les coûts de mise en œuvre et de gestion de nouvelles réglementations, les coûts de formation du personnel et les coûts de mise en place de systèmes de conformité fiscale. Ces coûts peuvent être particulièrement élevés pour les petites et moyennes entreprises qui ont des ressources limitées pour se conformer aux règles fiscales. Plus encore, les effets négatifs sur la croissance économique peuvent également être importants. Par exemple, des politiques de lutte contre la fraude fiscale mal conçues ou mal appliquées peuvent dissuader les entreprises d'investir ou de s'implanter dans un pays, ce qui peut entraîner une perte d'emplois et une réduction de la croissance économique. De plus, les politiques de lutte contre la fraude fiscale peuvent parfois décourager les contribuables de déclarer certains revenus, ce qui peut réduire les recettes fiscales et nuire à la stabilité fiscale à long terme.

Par conséquent, les pertes fiscales dues à la fraude fiscale peuvent affecter la capacité d'un État à financer des programmes sociaux et d'infrastructure, ce qui peut nuire à la qualité de vie.

I. Coûts de conformité pour les entreprises

A. Coûts de conformité et de mise en place de systèmes de conformité

Tout d'abord, les entreprises sont tenues de se conformer aux règles fiscales et aux nouvelles réglementations en matière de lutte contre la fraude fiscale. Cette conformité peut être coûteuse et représente une dépense nécessaire pour les entreprises, en particulier les petites et moyennes entreprises (PME)[10]. Ces coûts de conformité comprennent les coûts de personnel, les coûts de formation, les coûts de logiciel, les coûts de conseil, etc.

D'une part, les coûts de personnel peuvent représenter une partie importante des coûts de conformité pour les entreprises. Les entreprises doivent consacrer du temps et des ressources pour former leur personnel afin qu'ils puissent se conformer aux règles fiscales et aux nouvelles réglementations. Les employés doivent être formés pour connaître les règles fiscales applicables, les obligations de déclaration et les sanctions en cas de non-respect de ces règles. Cette formation peut prendre du temps et coûter de l'argent, en particulier pour les entreprises qui ont un grand nombre d'employés.

---

[10] https://www.economie.gouv.fr/cedef/definition-petites-et-moyennes-entreprises

De plus, les entreprises peuvent avoir besoin de recourir à des experts en fiscalité pour les conseiller et les aider à se conformer aux règles fiscales. Ces conseillers fiscaux peuvent être coûteux, en particulier pour les petites et moyennes entreprises qui n'ont pas les ressources nécessaires pour embaucher des experts en fiscalité à temps plein. Les entreprises peuvent également avoir besoin de logiciels spéciaux pour calculer et déclarer leurs impôts, ce qui peut également être coûteux.

Ensuite, les coûts de conformité peuvent également être liés à l'obligation pour les entreprises de produire des documents et de tenir des registres pour prouver leur conformité fiscale. Les entreprises doivent souvent conserver des documents tels que des factures, des relevés bancaires et des relevés de transactions pour une période déterminée, afin de prouver leur conformité fiscale. Cette obligation peut être coûteuse pour les entreprises, en particulier pour celles qui traitent un grand nombre de transactions.

Enfin, les coûts de conformité peuvent également être liés aux audits fiscaux. Les entreprises peuvent être soumises à des audits fiscaux pour s'assurer qu'elles se conforment aux règles fiscales et aux nouvelles réglementations. Ces audits peuvent être coûteux et chronophages pour les entreprises, en particulier pour celles qui ont une grande quantité de transactions ou des opérations complexes.

En somme, les coûts de conformité pour les entreprises en matière de lutte contre la fraude fiscale peuvent être importants et représenter un fardeau pour les entreprises, en particulier les petites et moyennes entreprises. Ces coûts peuvent inclure les coûts de personnel, les coûts de formation, les coûts de logiciel, les coûts de conseil, etc. Les entreprises peuvent également être tenues de produire des documents et de tenir des registres pour prouver leur conformité fiscale, ce qui peut être coûteux. Les audits fiscaux peuvent également être coûteux et chronophages pour les entreprises.

Les politiques de lutte contre la fraude fiscale doivent donc être conçues de manière à minimiser ces coûts de conformité pour les entreprises tout en assurant l'efficacité de la lutte contre la fraude fiscale.

En conséquent, les entreprises doivent souvent mettre en place des systèmes de conformité fiscale pour se conformer aux règles fiscales et aux nouvelles réglementations. Ces systèmes peuvent être coûteux à mettre en place et à gérer, en particulier pour les petites et moyennes entreprises. La mise en place de systèmes de conformité fiscale peut être un processus complexe et coûteux. Les entreprises doivent souvent investir dans des logiciels fiscaux spécialisés, des systèmes de suivi et de comptabilité sophistiqués, ainsi que des services de conseil en conformité fiscale. Les coûts de ces systèmes peuvent varier considérablement en fonction de la taille et de la complexité de l'entreprise. Les grandes entreprises peuvent souvent se permettre de consacrer des ressources importantes à la mise en place de systèmes de conformité fiscale sophistiqués. Cependant, pour les petites et moyennes entreprises, les coûts de mise en place de tels systèmes peuvent être prohibitifs. Les petites entreprises peuvent également avoir du mal à trouver les compétences nécessaires pour mettre en place et gérer ces systèmes de conformité fiscale.

Il est important de noter que les coûts de mise en place de systèmes de conformité fiscale ne se limitent pas aux coûts de mise en place initiaux. Les entreprises doivent souvent continuer à investir dans la mise à jour et l'amélioration de leurs systèmes de conformité fiscale pour se conformer aux nouvelles réglementations et aux modifications apportées aux règles fiscales.

De plus, les coûts de mise en place de systèmes de conformité fiscale peuvent varier considérablement en fonction de la législation fiscale en vigueur dans chaque pays. Les pays avec des réglementations fiscales complexes peuvent avoir des coûts de conformité fiscale plus élevés que les pays avec des réglementations fiscales plus simples. Ces coûts de mise en place de systèmes de conformité fiscale peuvent également varier en fonction du secteur d'activité de l'entreprise. Les entreprises opérant dans des secteurs hautement réglementés peuvent être confrontées à des coûts de conformité fiscale plus élevés que les entreprises opérant dans des secteurs moins réglementés.

Enfin, les coûts de mise en place de systèmes de conformité fiscale peuvent également être influencés par les pratiques de l'administration fiscale. Si l'administration fiscale est perçue comme étant peu fiable ou imprévisible dans ses pratiques, cela peut augmenter les coûts de mise en place de systèmes de conformité fiscale pour les entreprises, car elles devront investir davantage de temps et de ressources pour s'assurer qu'elles se conforment aux règles fiscales en vigueur.

En résumé, les coûts de mise en place de systèmes de conformité fiscale peuvent être importants pour les entreprises de toutes tailles. Cependant, les petites et moyennes entreprises peuvent être particulièrement touchées par ces coûts, car elles peuvent avoir du mal à trouver les ressources nécessaires pour mettre en place et gérer des systèmes de conformité fiscale sophistiqués. Il est important que les gouvernements prennent en compte ces coûts lors de la conception et de la mise en œuvre de politique de lutte contre la fraude fiscale, afin de trouver un équilibre entre les avantages de la collecte de recettes fiscales et les coûts pour les entreprises.

B. Coûts spécifiques à la formation du personnel

Lorsqu'une entreprise est confrontée à des réglementations fiscales complexes et en constante évolution, elle doit investir du temps et des ressources considérables pour former son personnel et s'assurer que les règles fiscales sont respectées. Les coûts de formation du personnel peuvent inclure les coûts de formation initiale, les coûts de formation continue, les coûts de temps et de salaire pour les employés formés, les coûts de ressources externes, etc.

Les entreprises doivent former leurs employés à de nombreux aspects des règles fiscales, tels que les déclarations de revenus, les déclarations de TVA, les taxes sur les salaires, les retenues fiscales et les déclarations de revenus pour les travailleurs indépendants. Cela peut être particulièrement difficile pour les petites entreprises qui n'ont pas les ressources nécessaires pour embaucher du personnel spécialisé ou pour former leur propre personnel. Les coûts de formation peuvent également varier selon le secteur d'activité de l'entreprise et les règles fiscales spécifiques applicables à ce secteur.

Les coûts de formation du personnel peuvent être particulièrement élevés pour les entreprises qui opèrent dans plusieurs pays ou qui ont des activités commerciales internationales. Les entreprises doivent non seulement comprendre les règles fiscales de leur propre pays, mais aussi les règles fiscales de chaque pays dans lequel elles opèrent. Elles doivent également connaître les traités fiscaux internationaux, les règles de transfert de prix, les exigences en matière de rapports financiers et d'autres réglementations fiscales internationales.

En outre, les coûts de formation peuvent être récurrents car les réglementations fiscales sont souvent modifiées ou mises à jour. Les entreprises doivent donc investir des ressources dans la formation continue de leur personnel pour s'assurer que leur personnel est à jour sur les dernières règles fiscales. Les coûts de formation du personnel peuvent également être exacerbés par la complexité des réglementations fiscales. Lorsque les règles fiscales sont difficiles à comprendre et à appliquer, les entreprises doivent investir davantage de temps et de ressources pour former leur personnel. Cela peut être particulièrement difficile pour les petites entreprises qui n'ont pas les moyens de se doter d'un personnel spécialisé.

Cependant, malgré ces coûts, les entreprises ont tout intérêt à investir dans la formation de leur personnel pour se conformer aux règles fiscales. En effet, les coûts de non-conformité peuvent être encore plus élevés. Les entreprises peuvent encourir des amendes, des pénalités, des audits fiscaux et des poursuites judiciaires en cas de non-conformité aux règles fiscales. Elles peuvent également subir des coûts de réputation et de confiance, car la non-conformité aux règles fiscales peut avoir des conséquences négatives sur l'image de l'entreprise et sur sa capacité à attirer des investisseurs ou des clients.

En conclusion, la formation du personnel pour se conformer aux règles fiscales est un coût inévitable pour les entreprises, mais qui peut être géré de manière efficace en investissant dans la formation continue du personnel et en utilisant des outils et des technologies pour faciliter la conformité fiscale.

II. Effets négatifs sur l'économie
    A. Effets sur la croissance économique

La mise en place de politiques de lutte contre la fraude fiscale peut entraîner des coûts économiques importants, notamment en termes de dissuasion des entreprises d'investir ou de s'implanter dans un pays, ce qui peut entraîner une perte d'emplois et une réduction de la croissance économique.

Tout d'abord, cela peut dissuader les entreprises d'investir ou de s'implanter dans un pays, ce qui peut entraîner une perte d'emplois et une réduction de la croissance économique. Par exemple, si les règles fiscales sont trop strictes, les entreprises peuvent être découragées d'investir dans un pays donné. De même, si les politiques de lutte contre la fraude fiscale sont mal appliquées, les entreprises peuvent être confrontées à une incertitude fiscale accrue, ce qui peut également décourager les investissements et la croissance économique.

Plus encore, la lutte contre la fraude fiscale peut entraîner des coûts pour les entreprises qui doivent se conformer à de nouvelles règles fiscales ou mettre en place des systèmes de conformité fiscale. Ces coûts peuvent être particulièrement élevés pour les petites et moyennes entreprises, qui peuvent avoir des ressources limitées pour se conformer à ces règles.

Enfin, des politiques de lutte contre la fraude fiscale mal conçues ou mal appliquées peuvent également entraîner des coûts économiques indirects. Par exemple, si les politiques de lutte contre la fraude fiscale sont trop strictes, elles peuvent créer un climat de défiance envers les entreprises, ce qui peut à son tour nuire à la croissance économique en décourageant les investissements. De même, si les politiques de lutte contre la fraude fiscale sont mal appliquées, elles peuvent entraîner une incertitude fiscale accrue, ce qui peut également nuire à la croissance économique.

En résumé, la lutte contre la fraude fiscale peut avoir des coûts économiques importants si elle est mal conçue ou mal appliquée. Les coûts peuvent inclure la dissuasion des entreprises d'investir ou de s'implanter dans un pays, les coûts de conformité pour les entreprises, et les coûts économiques indirects liés à un climat de défiance ou à une incertitude fiscale accrue. Pour minimiser ces coûts, les politiques de lutte contre la fraude fiscale doivent être bien conçues et bien appliquées, avec une attention particulière portée aux besoins des petites et moyennes entreprises et à la nécessité de maintenir un climat de confiance envers les entreprises.

En d'autres termes, la lutte contre la fraude fiscale doit être menée de manière équilibrée et efficace pour minimiser les coûts économiques et maximiser les bénéfices pour l'économie et la société dans son ensemble.

B. Risque de désincitation fiscale

La désincitation fiscale est un risque majeur des politiques de lutte contre la fraude fiscale. Elle se produit lorsque les contribuables sont effrayés par les sanctions fiscales qu'ils évitent de déclarer leurs revenus, partiellement ou intégralement. Le cas échéant, cela peut réduire les recettes fiscales, nuire à la stabilité fiscale à long terme et décourager les investissements futurs.

Des politiques de lutte contre la fraude fiscale trop strictes peuvent créer un risque de désincitation fiscale. Cela peut être le résultat d'une application excessive de la loi fiscale ou d'un environnement réglementaire qui rend difficile pour les contribuables de comprendre comment se conformer aux règles fiscales. Par exemple, si un gouvernement décide d'imposer des sanctions sévères pour les petits écarts de déclaration fiscale, cela peut inciter les contribuables à éviter de déclarer leurs revenus. De même, si les exigences en matière de déclaration fiscale sont complexes et difficiles à comprendre, cela peut également dissuader les contribuables de se conformer aux règles fiscales.

Tout d'abord, cela peut réduire les recettes fiscales, ce qui peut rendre difficile pour un gouvernement de financer des programmes sociaux et d'infrastructure. Cela peut également nuire à la stabilité fiscale à long terme, car les contribuables sont moins enclins à se conformer aux règles fiscales si les sanctions sont trop sévères. De plus, cela peut décourager les investissements futurs, car les investisseurs ne sont pas sûrs que les politiques fiscales seront stables à long terme.

La désincitation fiscale peut également avoir des effets négatifs sur les plus vulnérables de la société. Les personnes à faible revenu ou les personnes qui ne comprennent pas les règles fiscales peuvent être plus enclines à éviter de déclarer leurs revenus s'ils craignent des sanctions fiscales sévères. Cela peut conduire à une réduction des recettes fiscales.

Pour éviter la désincitation fiscale, il est important que les politiques de lutte contre la fraude fiscale soient bien conçues et appliquées de manière cohérente. Les sanctions fiscales doivent être proportionnelles à l'infraction commise, et les contribuables doivent être en mesure de comprendre comment se conformer aux règles fiscales. Il est également important que les gouvernements travaillent à accroître la transparence fiscale et à réduire la complexité de la loi fiscale. Cela peut inclure la simplification des règles fiscales et la mise en place de programmes de formation pour aider les contribuables à comprendre comment se conformer aux règles fiscales.

En conclusion, la désincitation fiscale est un risque majeur des politiques de lutte contre la fraude fiscale. Les gouvernements doivent être conscients de ce risque et travailler à concevoir des politiques qui encouragent les contribuables à se conformer aux règles fiscales plutôt que de les décourager. Cela peut inclure des sanctions fiscales proportionnelles, une transparence fiscale accrue et une simplification des règles fiscales pour aider les contribuables à comprendre comment se conformer aux règles fiscales.

III. Coûts économiques pour la société

A. Réduction des recettes fiscales

En effet, la fraude fiscale est un phénomène qui a des conséquences économiques importantes sur les pays et les citoyens. L'un des coûts les plus évidents de la fraude fiscale est la perte de recettes fiscales pour les États. En effet, les contribuables qui ne respectent pas leurs obligations fiscales privent les gouvernements de ressources importantes qui pourraient être utilisées pour financer des programmes sociaux et d'infrastructure.

La réduction des recettes fiscales a des conséquences directes sur les citoyens, car elle peut entraîner une réduction de la qualité de vie en réduisant les fonds disponibles pour financer les programmes sociaux et d'infrastructure. Par exemple, les écoles, les hôpitaux et les routes peuvent ne pas être rénovés ou construits en raison du manque de financement. Les services publics peuvent être réduits ou supprimés, ce qui peut avoir des conséquences négatives sur la vie quotidienne des citoyens.

Plus encore, cela peut également nuire à l'économie dans son ensemble. Les programmes d'infrastructure, par exemple, sont importants pour stimuler la croissance économique en créant des emplois et en améliorant la productivité. Si ces programmes ne sont pas financés en raison de la fraude fiscale, cela peut entraîner une réduction de la croissance économique et une augmentation du chômage.

En outre, la réduction des recettes fiscales peut avoir un impact négatif sur la stabilité fiscale à long terme. Les gouvernements ont besoin d'un financement stable pour planifier et mettre en œuvre des politiques économiques à long terme. Si les recettes fiscales sont instables en raison de la fraude fiscale, cela peut rendre difficile la planification des politiques économiques à long terme, ce qui peut entraîner une incertitude et une instabilité économique.

La réduction des recettes fiscales peut également entraîner une augmentation de la dette publique. Les gouvernements qui ne parviennent pas à collecter suffisamment de recettes fiscales peuvent être obligés de recourir à l'emprunt pour financer leurs dépenses. Si cela se produit à grande échelle, cela peut entraîner une augmentation de la dette publique, ce qui peut nuire à la stabilité économique et financière à long terme.

Enfin, la réduction des recettes fiscales peut avoir des conséquences négatives sur la crédibilité des politiques fiscales et des institutions fiscales. Si les contribuables voient que certains ne paient pas leurs impôts, ils peuvent devenir méfiants envers le système fiscal dans son ensemble. Cela peut entraîner une perte de confiance dans les politiques fiscales et les institutions fiscales, ce qui peut à son tour réduire la participation fiscale et nuire à la stabilité fiscale à long terme.

En conclusion, la réduction des recettes fiscales est l'un des coûts les plus importants de la fraude fiscale. Elle peut entraîner une réduction de la qualité de vie des citoyens, une réduction de la croissance économique, une instabilité fiscale, une augmentation de la dette publique et une perte de confiance dans les politiques fiscales et les institutions fiscales. Il est donc essentiel de lutter contre la fraude fiscale en mettant en place des politiques efficaces de prévention, de détection et de répression pour garantir une stabilité fiscale et économique à long terme.

B. Réduction de la qualité de vie des contribuables

A présent, abordons la fraude fiscale en termes de réduction de la qualité de vie des citoyens due à la perte de financement pour les programmes sociaux et d'infrastructure.

En effet, la fraude fiscale peut avoir un impact négatif sur la qualité de vie des citoyens en réduisant les fonds disponibles pour financer les programmes sociaux et d'infrastructure. Les programmes sociaux tels que les soins de santé, l'éducation, les services sociaux et les pensions sont financés par les recettes fiscales. Lorsque les recettes fiscales sont perdues en raison de la fraude fiscale, les gouvernements peuvent être contraints de réduire les dépenses pour ces programmes, ce qui peut affecter négativement la qualité de vie des citoyens.

De même, la fraude fiscale peut réduire le financement des infrastructures telles que les routes, les ponts, les chemins de fer et les réseaux d'approvisionnement en eau et en énergie. Ces infrastructures sont essentielles pour assurer le bon fonctionnement de l'économie et pour améliorer la qualité de vie des citoyens. Lorsque les fonds pour l'entretien et la réparation de ces infrastructures sont réduits en raison de la fraude fiscale, cela peut entraîner une baisse de la qualité de vie des citoyens.

En outre, la fraude fiscale peut nuire à la capacité des gouvernements à financer des projets d'infrastructure à long terme. Les projets d'infrastructure nécessitent souvent un financement à long terme, qui est généralement assuré par des obligations gouvernementales. Lorsque les gouvernements perdent des recettes fiscales en raison de la fraude fiscale, cela peut rendre plus difficile l'émission d'obligations gouvernementales pour financer des projets d'infrastructure à long terme.

De plus, la réduction des recettes fiscales peut affecter la capacité des gouvernements à financer des projets de recherche et de développement dans des domaines tels que les technologies de l'information, la biotechnologie et les énergies renouvelables. Ces projets de recherche peuvent avoir un impact significatif sur la qualité de vie des citoyens en offrant des avantages économiques et sociaux à long terme.

Enfin, la fraude fiscale peut nuire à la qualité de vie des citoyens en créant un climat de méfiance et de cynisme envers le système fiscal. Lorsque les citoyens constatent que certains individus ou entreprises ne respectent pas les règles fiscales, cela peut conduire à un sentiment d'injustice et à une perte de confiance dans le système fiscal. Cela peut affecter la volonté des citoyens de respecter les règles fiscales à l'avenir, ce qui peut nuire à la stabilité fiscale à long terme.

En conclusion, la neuvième sous-partie souligne l'importance de lutter contre la fraude fiscale pour préserver la qualité de vie des citoyens en garantissant le financement des programmes sociaux et d'infrastructure. La fraude fiscale peut avoir des effets négatifs à long terme sur l'économie et la société, et les gouvernements doivent mettre en place des politiques efficaces pour réduire la fraude fiscale et garantir des recettes fiscales suffisantes pour financer les programmes sociaux et d'infrastructure nécessaires à une qualité de vie décente pour tous les citoyens.

IV. Coûts économiques inhérents à la concurrence
A. Concurrence déloyale pour les entreprises respectant la loi fiscale

Ce phénomène est très répandu et peut avoir des conséquences économiques importantes.
La fraude fiscale permet aux entreprises qui y ont recours de réduire artificiellement leurs coûts en évitant de payer certaines taxes, impôts ou contributions sociales. Elles peuvent ainsi offrir leurs produits ou services à des prix plus compétitifs que leurs concurrents qui respectent les règles fiscales. Ces derniers peuvent alors être désavantagés par rapport à leurs concurrents fraudeurs, qui ont des coûts plus bas et peuvent ainsi proposer des prix plus attractifs.
Cela peut conduire à une concurrence déloyale qui désavantage les entreprises qui respectent les règles fiscales. Les entreprises qui ont recours à la fraude fiscale peuvent ainsi avoir un avantage concurrentiel injuste, en faisant des économies importantes sur leurs coûts de production ou de fonctionnement, et en proposant des prix plus bas que leurs concurrents qui paient toutes leurs taxes et impôts.
De plus, cela peut notamment avoir des effets négatifs sur les petites et moyennes entreprises, qui peuvent être désavantagées par rapport aux grandes entreprises qui ont les moyens de mettre en place des stratégies de fraude fiscale plus sophistiquées. Les petites entreprises peuvent avoir plus de difficultés à rivaliser avec des concurrents qui proposent des prix plus bas, obtenus grâce à la fraude fiscale.
En outre, la concurrence déloyale peut également avoir des effets négatifs sur l'innovation et la qualité des produits ou services proposés. Les entreprises qui respectent les règles fiscales ont souvent des coûts plus élevés que les fraudeurs, car elles doivent payer toutes les taxes et impôts requis. Cela peut les empêcher de se concentrer sur des investissements dans la recherche et le développement, ou dans

l'amélioration de la qualité de leurs produits ou services. Elles peuvent également être contraintes de proposer des prix plus élevés pour compenser les coûts fiscaux qu'elles supportent.

La concurrence déloyale peut ainsi nuire à l'innovation et à la qualité des produits ou services, en empêchant les entreprises de se concentrer sur l'investissement et l'amélioration de leurs produits ou services.

Enfin, la concurrence déloyale peut nuire à la stabilité économique, en rendant plus difficile la planification à long terme pour les entreprises qui respectent les règles fiscales. Elles peuvent être contraintes de faire face à des perturbations imprévues sur leur marché, dues à des concurrents fraudeurs qui proposent des prix plus bas. Cela peut rendre plus difficile la planification à long terme des entreprises et peut rendre le marché moins stable et prévisible.

En somme, la concurrence déloyale pour les entreprises qui respectent les règles fiscales est un coût économique important de la fraude fiscale. Elle peut nuire à la compétitivité des entreprises qui paient toutes leurs taxes et impôts, en leur faisant subir une concurrence déloyale qui peut réduire leur rentabilité et leur capacité à investir. Elle peut également nuire à l'innovation et à la qualité des produits ou services proposés, ainsi qu'à la stabilité économique globale, en rendant le marché moins prévisible et moins stable pour l'ensemble des acteurs économiques. La lutte contre la fraude fiscale est donc essentielle pour préserver l'équité et la compétitivité sur les marchés économiques. Elle permet de s'assurer que toutes les entreprises respectent les mêmes règles fiscales, ce qui favorise une concurrence saine et juste, et une économie plus stable et prévisible.

B. Effets négatifs sur l'innovation

La lutte contre la fraude fiscale peut avoir des effets négatifs sur l'innovation et la concurrence, qui sont deux éléments clés de la croissance économique. En effet, des politiques de lutte contre la fraude fiscale trop strictes ou mal appliquées peuvent décourager les entreprises de se lancer dans de nouveaux projets ou de chercher de nouvelles opportunités commerciales. Les entreprises peuvent également se retrouver dans une situation de désavantage concurrentiel par rapport à celles qui ne respectent pas les règles fiscales.

L'innovation est un facteur important de la croissance économique, car elle permet aux entreprises de proposer de nouveaux produits et services, d'améliorer les processus de production et de réduire les coûts. La fraude fiscale peut décourager les entreprises d'investir dans la recherche et le développement, car elles peuvent craindre de ne pas pouvoir récupérer leur investissement en raison des coûts fiscaux élevés.

De plus, la lutte contre la fraude fiscale peut également avoir des conséquences négatives sur la concurrence. Les entreprises qui respectent les règles fiscales peuvent être désavantagées par rapport à celles qui ne les respectent pas, car elles doivent supporter des coûts fiscaux plus élevés. Cela peut conduire à une concurrence déloyale et à une distorsion des marchés, car les entreprises qui ne respectent pas les règles fiscales ont des coûts plus faibles et peuvent proposer des prix plus bas.

Les politiques de lutte contre la fraude fiscale doivent donc être conçues de manière à minimiser ces effets négatifs sur l'innovation et la concurrence. Les gouvernements doivent veiller à ce que les règles fiscales soient justes et équitables, de manière à encourager les entreprises à investir dans la recherche et le développement et à proposer de nouveaux produits et services.

Plus encore, il est important que les entreprises qui respectent les règles fiscales ne soient pas désavantagées par rapport à celles qui ne les respectent pas. Les gouvernements peuvent adopter des mesures pour rendre les règles fiscales plus claires et plus simples, afin de faciliter la conformité des entreprises et de réduire les coûts de mise en conformité. Les gouvernements peuvent également soutenir les entreprises qui respectent les règles fiscales en leur offrant des avantages fiscaux ou en réduisant les impôts pour les entreprises qui investissent dans la recherche et le développement.

Enfin, il est important que les politiques de lutte contre la fraude fiscale soient appliquées de manière cohérente et transparente. Les entreprises ont besoin de savoir exactement quelles sont les règles fiscales et comment elles doivent être appliquées, afin de pouvoir se conformer facilement. Les gouvernements doivent également veiller à ce que les sanctions pour non-conformité soient proportionnées et justes, afin d'encourager les entreprises à respecter les règles fiscales sans pour autant les décourager de se lancer dans de nouveaux projets.

En conclusion, la lutte contre la fraude fiscale peut avoir des effets négatifs sur l'innovation et la concurrence, qui sont deux éléments clés de la croissance économique. Il est donc important que les politiques de lutte contre la fraude fiscale soient conçues de manière à minimiser ces effets négatifs et à encourager les entreprises à investir dans l'innovation et à participer à une concurrence équitable sur les marchés.

Sous-titre 2ⁿᵈ : Les bénéfices

Chapitre 1 : L'augmentation des recettes fiscales

La lutte contre la fraude fiscale peut entraîner une augmentation des recettes fiscales en réduisant les pertes fiscales causées par les activités illégales ou non déclarées. Les recettes fiscales augmentent lorsque les contribuables qui avaient évité ou fraudé leurs obligations fiscales paient maintenant leur part d'impôts. Par exemple :

- La mise en place de systèmes de déclaration électronique pour les revenus professionnels et les transactions financières, ce qui facilite le suivi des activités économiques et la détection de la fraude fiscale. Pour illustration, la mise en place du système de TVA électronique en Espagne a permis d'augmenter les recettes fiscales de 6 milliards d'euros par an.
- L'augmentation des contrôles fiscaux ciblés sur les secteurs ou les entreprises présentant un risque élevé de fraude fiscale. Par exemple, en France, les contrôles fiscaux ciblant les grandes entreprises ont permis de récupérer 9 milliards d'euros en 2018.
- La coopération fiscale internationale qui permet d'échanger des informations fiscales entre les pays pour lutter contre la fraude fiscale transfrontalière. Par exemple, le programme d'échange automatique d'informations fiscales entre les pays a permis de récupérer 95 milliards d'euros de recettes fiscales supplémentaires en 2019.
- La mise en place de mesures de transparence fiscale, comme l'obligation de déclaration des comptes bancaires à l'étranger, qui permet de lutter contre l'évasion fiscale. Par exemple, en Suisse, la déclaration des comptes bancaires à l'étranger a permis de récupérer 2 milliards de francs suisses de recettes fiscales en 2018.

Ainsi, la lutte contre la fraude fiscale peut entraîner une augmentation significative des recettes fiscales grâce à la mise en place de mesures ciblées et efficaces pour prévenir et détecter la fraude fiscale.

I. Politiques fiscales et recettes perdues

    A. Les différentes politiques fiscales

La qualité des politiques fiscales est un facteur clé pour assurer l'efficacité de la lutte contre la fraude fiscale. En effet, une politique fiscale bien conçue peut contribuer à limiter les opportunités de fraude fiscale et à encourager la conformité fiscale des contribuables. Dans cette sous-partie, nous allons donc développer ce point en présentant quelques exemples concrets.

Tout d'abord, il convient de souligner que la qualité des politiques fiscales dépend de plusieurs éléments, tels que le niveau de taux d'imposition, les exemptions fiscales et les crédits d'impôt. En effet, ces éléments peuvent influencer les choix des contribuables en matière de déclaration fiscale et d'optimisation fiscale. Ainsi, un taux d'imposition élevé peut inciter les contribuables à chercher des moyens d'éviter de payer l'impôt, tandis que des exemptions fiscales trop larges peuvent offrir des opportunités de planification fiscale agressive.

Pour illustrer ce point, prenons l'exemple de la France. En France, le taux d'imposition sur les bénéfices des entreprises est relativement élevé, ce qui peut inciter certaines entreprises à chercher des moyens de réduire leur facture fiscale. C'est pourquoi le gouvernement français a mis en place des dispositifs fiscaux pour encourager l'investissement, tels que le Crédit d'Impôt Recherche (CIR) et le Crédit d'Impôt Innovation (CII)[11]. Toutefois, ces dispositifs ont parfois été critiqués pour leur complexité et leur manque de transparence, ce qui a pu offrir des opportunités de fraude fiscale.

Un autre exemple intéressant est celui de l'Allemagne. En Allemagne, le taux d'imposition sur les bénéfices des entreprises est également relativement élevé. Toutefois, le système fiscal allemand comporte également des dispositifs pour limiter les opportunités de fraude fiscale, tels que la déclaration automatique des comptes bancaires étrangers des contribuables allemands. Grâce à ce dispositif, les autorités fiscales allemandes peuvent détecter les revenus et les patrimoines cachés à l'étranger, ce qui réduit les opportunités de fraude fiscale.[12]

Enfin, il convient de souligner que la qualité des politiques fiscales peut également être influencée par des facteurs politiques et institutionnels. Par exemple, dans certains pays, la corruption et les pratiques clientélistes peuvent conduire à des politiques fiscales inadaptées, qui offrent des opportunités de fraude fiscale. À l'inverse, dans d'autres pays, des mécanismes institutionnels tels que des autorités fiscales indépendantes peuvent contribuer à assurer la qualité des politiques fiscales.

En conclusion, la qualité des politiques fiscales est un facteur clé pour assurer l'efficacité de la lutte contre la fraude fiscale. Des taux d'imposition raisonnables, des dispositifs fiscaux transparents et simples, ainsi que des mécanismes de contrôle adaptés peuvent contribuer à limiter les opportunités de fraude fiscale. En revanche, des politiques fiscales mal conçues, trop complexes ou offrant trop

---

[11] https://entreprendre.service-public.fr/vosdroits/F23533

[12] https://europa.eu/youreurope/business/taxation/business-tax/company-tax-eu/index_fr.htm

d'exemptions fiscales peuvent offrir des opportunités de planification fiscale agressive et ainsi favoriser la fraude fiscale.

B. Coûts de la fraude fiscale

La fraude fiscale représente un coût important pour les finances publiques, qui se traduit par des pertes de recettes fiscales et des impacts négatifs sur l'économie. En effet, les sommes non perçues par l'administration fiscale sont autant de manques à gagner pour les finances publiques, ce qui peut nuire à la réalisation des missions de service public, telles que la santé, l'éducation ou encore la sécurité. Selon une étude de la Commission européenne publiée en 2019, la fraude fiscale représenterait chaque année environ 825 milliards d'euros de pertes pour les finances publiques dans l'Union européenne.[13]

L'impact de la fraude fiscale sur les finances publiques peut être illustré par des exemples concrets. Par exemple, en France, une étude de l'Observatoire des finances et de la gestion publique locales publiée en 2020 a montré que les collectivités territoriales subissaient chaque année une perte de recettes fiscales de l'ordre de 1,5 milliard d'euros du fait de la fraude fiscale. Ces sommes non perçues peuvent avoir des conséquences importantes sur la capacité des collectivités à financer des investissements et à assurer la qualité des services publics locaux.[14]

La fraude fiscale peut également avoir des effets négatifs sur l'économie en favorisant les entreprises frauduleuses au détriment des entreprises respectant les règles. En effet, les entreprises qui ne respectent pas leurs obligations fiscales peuvent bénéficier d'un avantage concurrentiel déloyal en payant moins d'impôts que les entreprises honnêtes. Cela peut entraîner une distorsion de concurrence et nuire à la croissance économique. À l'inverse, une lutte efficace contre la fraude fiscale peut contribuer à améliorer la concurrence en assurant une équité fiscale entre les différents acteurs économiques.

La fraude fiscale peut également avoir des impacts sur la distribution des revenus et sur la justice fiscale. En effet, les contribuables les plus aisés ont souvent plus de moyens pour dissimuler leurs revenus et leur patrimoine, ce qui peut réduire leur contribution fiscale. Cela peut entraîner une concentration des richesses au détriment des classes moyennes et des plus démunis, et donc des inégalités de revenus plus importantes.

---

[13] https://www.europarl.europa.eu/doceo/document/A-8-2019-0170_FR.html

[14] https://www.collectivites-locales.gouv.fr/rapports-lobservatoire-des-finances-et-gestion-publique-locales-ofgl (pré-rapport 2023 consultable)

Enfin, la fraude fiscale peut avoir des conséquences sur la confiance des citoyens dans le système fiscal. Lorsque les citoyens constatent que certains individus ou entreprises ne respectent pas leurs obligations fiscales, cela peut créer un sentiment d'injustice fiscale et de défiance envers l'État et ses institutions. Une lutte efficace contre la fraude fiscale peut donc contribuer à restaurer la confiance des citoyens dans le système fiscal et à renforcer le sentiment de solidarité entre les différents acteurs de la société.

En conclusion, la fraude fiscale représente un coût important pour les finances publiques et peut avoir des impacts négatifs sur l'économie et la société. La lutte contre la fraude fiscale est donc un enjeu majeur pour les États et nécessite la mise en place de politiques fiscales adaptées, de mesures préventives efficaces, de contrôles fiscaux bien ciblés et d'une coopération internationale renforcée pour lutter efficacement contre ce fléau.

C. Recettes fiscales perdues

La fraude fiscale est un enjeu majeur pour les finances publiques, et ses conséquences sur les recettes fiscales sont considérables. Les recettes fiscales perdues à cause de la fraude fiscale peuvent être estimées en prenant en compte les pertes de revenus pour l'État et les coûts de contrôle et de répression. Ainsi, la quatrième sous-partie de notre étude sur l'augmentation des recettes fiscales consiste à explorer les recettes fiscales perdues, en donnant des exemples concrets pour illustrer les enjeux de la lutte contre la fraude fiscale.

En France, les pertes de recettes fiscales liées à la fraude fiscale sont estimées à plusieurs dizaines de milliards d'euros par an. Selon un rapport due la Cour des comptes, la fraude fiscale représenterait environ 80 milliards d'euros par an, soit l'équivalent de 4% du PIB français[15]. Cette estimation est à prendre avec prudence, car il est difficile de mesurer précisément l'étendue de la fraude fiscale. Néanmoins, elle permet de comprendre l'ampleur du phénomène et de prendre conscience de ses conséquences sur les finances publiques.

La fraude fiscale peut prendre de nombreuses formes, qu'il s'agisse de dissimulation de revenus, de sous-déclaration de bénéfices, de détournement de TVA ou d'utilisation de paradis fiscaux pour cacher des avoirs. Les recettes fiscales perdues dépendent donc du type de fraude fiscale et de son ampleur. Par exemple, la sous-déclaration de bénéfices des entreprises représente une part importante de la fraude fiscale, et peut se chiffrer en millions d'euros pour chaque entreprise concernée.

---

[15] https://www.ccomptes.fr/fr/publications/la-fraude-aux-prelevements-obligatoires

En matière de TVA, la fraude fiscale peut également avoir des conséquences importantes sur les recettes fiscales. L'utilisation de sociétés fictives ou de chaînes de facturation complexes peut permettre de dissimuler des opérations frauduleuses et de réduire artificiellement le montant de la TVA due. Selon une étude de l'Office européen de lutte antifraude, la fraude à la TVA représenterait entre 60 et 100 milliards d'euros de pertes fiscales chaque année dans l'Union européenne.[16]

La lutte contre la fraude fiscale nécessite des moyens importants, qui ont également un coût pour l'État. Les dépenses de contrôle et de répression peuvent être considérables, notamment en matière de personnel et de formation. En France, le coût des contrôles fiscaux est estimé à plus de 1,5 milliard d'euros par an, ce qui représente une part importante des dépenses de l'État en matière de lutte contre la fraude fiscale.

La mise en place de mesures de prévention peut contribuer à réduire les pertes de recettes fiscales liées à la fraude fiscale. Par exemple, l'obligation de déclarer les comptes détenus à l'étranger permet de mieux contrôler les flux financiers et de réduire les pratiques de dissimulation de patrimoine. De même, la généralisation de la facture électronique peut faciliter la détection des fraudes à la TVA en permettant une meilleure traçabilité des transactions et démanteler les fraudes en carrousel. Ces mesures peuvent ainsi contribuer à augmenter les recettes fiscales en réduisant les pertes liées à la fraude fiscale.

II. Les mesures prises par l'administration fiscale

A. Les mesures préventives

La mise en place de mesures préventives est l'un des moyens les plus efficaces pour lutter contre la fraude fiscale. En effet, ces mesures permettent d'anticiper les risques de fraude et de décourager les contribuables de commettre des infractions fiscales.

Premièrement, la dématérialisation de la déclaration fiscale La dématérialisation de la déclaration fiscale permet d'améliorer la qualité et la fiabilité des informations fournies par les contribuables, et facilite le travail des administrations fiscales. En France, par exemple, la déclaration fiscale est obligatoirement effectuée en ligne pour la plupart des contribuables, ce qui permet de réduire les risques d'erreurs ou de dissimulations.

Deuxièmement, la sensibilisation des contribuables La sensibilisation des contribuables aux risques de fraude fiscale peut contribuer à réduire les comportements frauduleux. Les campagnes de

---

[16] https://anti-fraud.ec.europa.eu/index_fr

sensibilisation peuvent notamment porter sur les sanctions encourues en cas de fraude, les avantages de la déclaration honnête, ou encore les conséquences négatives de la fraude fiscale sur la société.

Troisièmement, la mise en place de dispositifs de contrôle automatisés. Les dispositifs de contrôle automatisés permettent de détecter plus facilement les anomalies dans les déclarations fiscales, et de cibler les contrôles sur les cas les plus à risque. Ces dispositifs peuvent être basés sur l'utilisation de logiciels de reconnaissance optique de caractères ou d'algorithmes de détection de fraudes, par exemple.

Quatrièmement, la simplification de la fiscalité La complexité de la fiscalité peut encourager les contribuables à dissimuler une partie de leurs revenus ou de leur patrimoine. La simplification de la fiscalité peut donc contribuer à réduire les risques de fraude. Par exemple, la fusion de différents impôts ou la suppression d'exonérations fiscales peuvent simplifier le système fiscal et le rendre plus transparent.

Cinquièmement, la mise en place de sanctions dissuasives. Les sanctions encourues en cas de fraude fiscale doivent être suffisamment dissuasives pour décourager les contribuables de commettre des infractions. En France, par exemple, les sanctions pour fraude fiscale peuvent aller jusqu'à cinq ans de prison et 500 000 euros d'amende, en plus de la récupération des sommes dues et de sanctions fiscales distinctes.[17]

Sixièmement, la coopération entre les administrations fiscales La coopération entre les administrations fiscales permet de détecter plus facilement les cas de fraude fiscale impliquant des contribuables étrangers, ou des montages fiscaux transfrontaliers. Par exemple, l'échange automatique d'informations entre les administrations fiscales de différents pays permet de mieux lutter contre l'évasion fiscale.

Septièmement, la formation des agents des administrations fiscales La formation des agents des administrations fiscales est essentielle pour détecter les cas de fraude fiscale et mettre en place des dispositifs de contrôle efficaces. Les agents doivent être en mesure de détecter les anomalies dans les déclarations fiscales, et de comprendre les mécanismes de fraude fiscale.

Huitièmement, la collaboration avec le secteur privé Le secteur privé peut également jouer un rôle important dans la lutte contre la fraude fiscale. Les banques, par exemple, peuvent être obligées de signaler les mouvements financiers suspects à l'administration fiscale, ou de vérifier l'identité de leurs clients. De même, les plateformes en ligne peuvent être tenues de collecter les informations fiscales de leurs utilisateurs et de les transmettre à l'administration fiscale.

---

[17] Articles 1741 à 1753 bis B CGI pour les sanctions pénales et l'article L64 LPF au titre de l'abus de droit

Neuvièmement, la mise en place de programmes de régularisation fiscale. Les programmes de régularisation fiscale permettent aux contribuables qui ont dissimulé une partie de leurs revenus ou de leur patrimoine de régulariser leur situation fiscale en échange d'une réduction des sanctions encourues. Ces programmes peuvent inciter les contribuables à se mettre en règle avec l'administration fiscale.

Dixièmement, la mise en place de mesures de transparence fiscale. La mise en place de mesures de transparence fiscale permet de mieux lutter contre l'évasion fiscale. Les entreprises peuvent notamment être tenues de publier des informations sur leurs activités et leurs résultats financiers dans les différents pays où elles opèrent. De même, les particuliers peuvent être tenus de déclarer leurs comptes bancaires à l'étranger.

En conclusion, les mesures préventives sont un moyen efficace de lutter contre la fraude fiscale. La dématérialisation de la déclaration fiscale, la sensibilisation des contribuables, la mise en place de dispositifs de contrôle automatisés, la simplification de la fiscalité, la mise en place de sanctions dissuasives, la coopération entre les administrations fiscales, la formation des agents des administrations fiscales, la collaboration avec le secteur privé, la mise en place de programmes de régularisation fiscale et la mise en place de mesures de transparence fiscale sont autant d'exemples de mesures préventives qui peuvent être mises en place pour lutter contre la fraude fiscale et augmenter les recettes fiscales.

B. Les contrôles fiscaux

Les contrôles fiscaux représentent un moyen important de détecter et de sanctionner la fraude fiscale. Ils permettent notamment de vérifier la véracité des déclarations fiscales, de détecter les irrégularités et les manquements, de récupérer les sommes dues et de dissuader les fraudeurs potentiels. Toutefois, leur efficacité dépend de la qualité des outils de contrôle et de la stratégie mise en place.

Tout d'abord, les outils de contrôle fiscaux peuvent être de différents types, tels que les contrôles sur place, les examens de comptabilité, les examens contradictoires de la situation fiscale personnelle, les examens des comptes bancaires, les échanges d'informations avec d'autres administrations, etc. Les contrôles peuvent être réalisés de manière ciblée, en se focalisant sur certaines entreprises ou certaines personnes, ou de manière aléatoire, en procédant à des contrôles aléatoires.

De plus, la stratégie de contrôle doit également être adaptée à chaque situation. Elle doit prendre en compte les risques de fraude, les moyens disponibles et les priorités politiques. Par exemple, certains pays peuvent décider de se concentrer sur les grandes entreprises ou les personnes les plus riches, tandis que d'autres peuvent préférer cibler les petites entreprises ou les contribuables ayant des revenus modestes. La stratégie peut également évoluer au fil du temps, en fonction de l'évolution des pratiques de fraude fiscale et des résultats obtenus.

Plus encore, la qualité des outils de contrôle est un facteur essentiel de l'efficacité des contrôles fiscaux. Les administrations fiscales doivent disposer de moyens suffisants pour collecter et exploiter les informations nécessaires à la détection de la fraude fiscale. Cela peut passer par l'utilisation de technologies de pointe, comme l'analyse de données massives (ou "*big data*"), qui permettent de croiser des informations provenant de différentes sources pour identifier des comportements frauduleux.

De même, les contrôles fiscaux peuvent également être renforcés par la mise en place de sanctions plus dissuasives. Cela peut passer par l'augmentation des amendes ou des peines de prison, ou par la publication des noms des fraudeurs condamnés. Les sanctions doivent être adaptées à la gravité de la fraude fiscale et à la répétition des infractions.

Enfin, les contrôles fiscaux doivent être menés de manière équitable et transparente, afin d'éviter les abus et de préserver la confiance des contribuables dans le système fiscal. Les contribuables doivent être informés des motifs et des modalités des contrôles, et doivent être en mesure de contester les résultats en cas de désaccord. Les contrôles doivent également être encadrés par des règles de confidentialité, pour protéger les informations personnelles des contribuables.

Pour illustrer ces éléments, par exemple, en France, l'administration fiscale a réalisé en 2020 près de 51 000 contrôles sur place, qui ont permis de récupérer 8,1 milliards d'euros de recettes fiscales supplémentaires. Les contrôles ont porté sur des entreprises de toutes tailles et de tous secteurs, et ont été menés de manière à la fois ciblée et aléatoire. En outre, l'administration fiscale a renforcé ses outils de contrôle en utilisant notamment l'analyse de données massives, qui a permis de détecter des pratiques frauduleuses complexes et d'identifier les fraudeurs les plus actifs.[18]

En Allemagne, les contrôles fiscaux ont également permis de récupérer des sommes importantes. En 2019, l'administration fiscale a récupéré plus de 14 milliards d'euros grâce à des contrôles sur place, des examens de comptabilité et des enquêtes fiscales. Les contrôles ont ciblé principalement les grandes entreprises et les personnes riches, mais ont également touché les petites entreprises et les contribuables ayant des revenus modestes.

Aux États-Unis, les contrôles fiscaux ont également été efficaces pour récupérer des recettes fiscales supplémentaires. En 2019, l'*Internal Revenue Service* (IRS), l'administration fiscale américaine, a récupéré près de 15 milliards de dollars grâce à des contrôles fiscaux et des enquêtes criminelles. Les

---

[18] https://www.economie.gouv.fr/controle-fiscal-bilan-annee-2020

contrôles ont porté principalement sur les grandes entreprises et les personnes riches, mais ont également touché les contribuables ayant des revenus modestes.

En conclusion, les contrôles fiscaux sont un moyen important de lutter contre la fraude fiscale et de récupérer des recettes fiscales supplémentaires. Leur efficacité dépend de la qualité des outils de contrôle, de la stratégie mise en place, de l'adaptation aux évolutions des pratiques de fraude fiscale, de la transparence et de l'équité dans leur mise en œuvre. Les exemples montrent que les contrôles fiscaux peuvent être efficaces pour récupérer des sommes importantes, tant auprès des grandes entreprises et des personnes riches que des petites entreprises et des contribuables ayant des revenus modestes.

III. Coopération et transparence
A. Coopération fiscale internationale

La coopération fiscale internationale est un élément essentiel de la lutte contre la fraude fiscale. En effet, la fraude fiscale ne connaît pas de frontières, et les paradis fiscaux et autres juridictions offshores peuvent faciliter la dissimulation de revenus et de patrimoine. La coopération fiscale internationale vise donc à renforcer la transparence fiscale et à faciliter l'échange d'informations entre les administrations fiscales des différents pays.

Un exemple concret de coopération fiscale internationale est l'échange automatique d'informations fiscales. Cette pratique consiste à ce que les administrations fiscales des différents pays s'échangent automatiquement des informations sur les comptes bancaires détenus par des non-résidents. Cette pratique permet de lutter contre la fraude fiscale en rendant plus difficile la dissimulation de revenus et de patrimoine à l'étranger. Cet échange automatique d'informations fiscales a été initié par l'Organisation de coopération et de développement économiques (OCDE) en 2014, et a depuis été mis en place par de nombreux pays. Par exemple, l'Union européenne a adopté une directive en 2014 obligeant les États membres à se conformer à l'échange automatique d'informations fiscales à partir de 2017. De même, la Suisse, qui était traditionnellement un paradis fiscal, a commencé à mettre en place l'échange automatique d'informations fiscales avec d'autres pays à partir de 2018.[19]

L'échange d'informations fiscales peut également se faire sur une base bilatérale entre deux pays. Par exemple, les États-Unis ont signé des accords d'échange d'informations fiscales avec plusieurs pays,

---

[19] https://www.oecd.org/FR/

comme la France, l'Allemagne et le Royaume-Uni. Ces accords permettent aux administrations fiscales des deux pays de s'échanger des informations sur les contribuables résidents dans l'autre pays.

Un autre exemple de coopération fiscale internationale est la lutte contre les paradis fiscaux. Les paradis fiscaux sont des juridictions qui offrent des avantages fiscaux importants aux entreprises et aux particuliers, souvent en échange d'une opacité financière. Les paradis fiscaux sont souvent utilisés pour dissimuler des revenus et des patrimoines aux administrations fiscales des autres pays.

Pour lutter contre les paradis fiscaux, plusieurs initiatives ont été lancées au niveau international. Par exemple, l'OCDE a publié une liste noire de paradis fiscaux en 2017, qui a été mise à jour en 2020. Cette liste regroupe les juridictions qui ne coopèrent pas de manière satisfaisante avec les autres pays en matière de transparence fiscale. Les pays qui figurent sur cette liste peuvent être soumis à des sanctions économiques, comme des restrictions sur les transactions financières.

Enfin, la coopération fiscale internationale peut également se faire à travers des accords fiscaux entre pays. Par exemple, de nombreux pays ont signé des conventions fiscales bilatérales ou multilatérales, qui permettent de coordonner les politiques fiscales des différents pays et de prévenir la double imposition. Ces conventions permettent également de faciliter l'échange d'informations fiscales entre les administrations fiscales des différents pays.

En conclusion, la coopération fiscale internationale est un élément clé dans la lutte contre la fraude fiscale. L'échange automatique d'informations fiscales, la lutte contre les paradis fiscaux et les accords fiscaux entre pays sont des exemples concrets de politiques de coopération fiscale internationale. Ces politiques ont permis d'améliorer la transparence fiscale, de rendre plus difficile la dissimulation de revenus et de patrimoine à l'étranger, et d'augmenter les recettes fiscales.

Cependant, la coopération fiscale internationale n'est pas sans ses limites et ses défis. Certains pays peuvent être réticents à partager des informations fiscales avec d'autres pays, par exemple en raison de préoccupations liées à la confidentialité ou à la souveraineté nationale. De plus, la coopération fiscale internationale ne peut pas à elle seule résoudre tous les problèmes de fraude fiscale, et doit être complétée par d'autres politiques et mesures de lutte contre la fraude fiscale.

Malgré ces défis, la coopération fiscale internationale reste un élément important dans la lutte contre la fraude fiscale et la promotion d'une fiscalité juste et équitable. En encourageant la transparence fiscale et en facilitant l'échange d'informations fiscales entre les administrations fiscales des différents pays, elle contribue à renforcer la confiance dans le système fiscal et à augmenter les recettes fiscales.

B. Transparence fiscale

La transparence fiscale est une des clés de la lutte contre la fraude fiscale. Elle consiste à rendre plus difficile la dissimulation de revenus et de patrimoine, en obligeant les contribuables à déclarer de manière complète et précise leurs revenus et leur patrimoine. La transparence fiscale peut être mise en place de différentes manières, notamment par l'échange automatique d'informations fiscales entre les pays, par la mise en place de registres publics de bénéficiaires effectifs ou encore par l'obligation de déclaration des trusts.

L'échange automatique d'informations fiscales est une mesure de transparence fiscale mise en place à l'échelle internationale. Elle permet aux administrations fiscales de différents pays d'échanger automatiquement des informations sur les comptes bancaires détenus par des résidents fiscaux dans un autre pays. Cette mesure est mise en place depuis 2017 à l'échelle européenne, et a permis de récupérer des milliards d'euros de recettes fiscales non déclarées.

Les registres publics de bénéficiaires effectifs sont également une mesure de transparence fiscale. Ils permettent de connaître les personnes physiques ou morales qui contrôlent effectivement une société ou une entité juridique. Cette mesure a été mise en place dans plusieurs pays européens, comme le Royaume-Uni, la France ou les Pays-Bas. Elle permet de lutter contre l'utilisation de sociétés écrans pour dissimuler des revenus ou des patrimoines.

L'obligation de déclaration des *trusts* est une autre mesure de transparence fiscale mise en place dans certains pays. Les trusts sont des entités juridiques utilisées pour détenir et gérer des actifs, et peuvent être utilisés pour dissimuler des revenus ou des patrimoines. L'obligation de déclaration des trusts permet de mieux connaître leur existence et leur composition, et donc de lutter contre la fraude fiscale.

La transparence fiscale peut également être renforcée par l'utilisation de technologies innovantes. Par exemple, la blockchain peut être utilisée pour rendre plus difficile la dissimulation de transactions et de revenus. La blockchain permet de stocker de manière décentralisée des informations de manière sécurisée et transparente, ce qui peut faciliter la lutte contre la fraude fiscale.

Enfin, la transparence fiscale peut être renforcée par la sensibilisation des contribuables. Les contribuables doivent être conscients de l'importance de déclarer de manière complète et précise leurs revenus et leur patrimoine, et de respecter les obligations fiscales. La sensibilisation peut passer par des campagnes de communication, des formations ou encore des programmes de soutien à la conformité fiscale.

En conclusion, la transparence fiscale est une mesure essentielle de la lutte contre la fraude fiscale. Elle permet de rendre plus difficile la dissimulation de revenus et de patrimoine, en obligeant les contribuables à déclarer de manière complète et précise leurs revenus et leur patrimoine. La transparence fiscale peut être mise en place de différentes manières, comme l'échange automatique d'informations fiscales, les registres publics de bénéficiaires effectifs ou l'obligation de déclaration des trusts. Elle peut également être renforcée par l'utilisation de technologies innovantes et la sensibilisation des contribuables. En combinant ces différentes mesures, il est possible de renforcer significativement la transparence fiscale et ainsi d'augmenter les recettes fiscales récupérées, tout en renforçant la justice fiscale et la confiance dans le système fiscal.

IV. Les impacts de la lutte contre la fraude fiscale
A. Les impacts économiques

La lutte contre la fraude fiscale a des impacts économiques, sociaux et fiscaux, notamment en termes d'augmentation des recettes fiscales. Ces impacts se manifestent notamment par 5 éléments. Premièrement, la réduction des distorsions de concurrence La fraude fiscale peut entraîner des distorsions de concurrence entre les entreprises. En effet, les entreprises qui ne respectent pas leurs obligations fiscales ont un avantage concurrentiel par rapport aux entreprises qui paient leurs impôts. En luttant contre la fraude fiscale, les autorités fiscales peuvent réduire ces distorsions de concurrence et améliorer les conditions de concurrence sur les marchés. Par exemple, l'Union européenne a adopté en 2016 une directive sur la lutte contre l'évasion fiscale qui vise à renforcer la transparence fiscale entre les États membres et à réduire les pratiques de fraude fiscale des entreprises multinationales.
Deuxièmement, la création d'emplois La lutte contre la fraude fiscale peut également avoir des effets positifs sur l'emploi. En effet, les recettes fiscales supplémentaires peuvent être utilisées pour financer des politiques publiques qui créent des emplois, comme des programmes de formation professionnelle, des investissements dans les infrastructures ou des aides à l'embauche pour les entreprises. Par exemple, en France, les recettes fiscales supplémentaires générées par la lutte contre la fraude fiscale ont été utilisées pour financer le plan de relance économique lancé en 2020 pour faire face à la crise sanitaire.
Troisièmement, l'amélioration de la confiance des citoyens dans le système fiscal. La lutte contre la fraude fiscale peut également contribuer à améliorer la confiance des citoyens dans le système fiscal. En effet, les contribuables qui respectent leurs obligations fiscales peuvent se sentir lésés s'ils estiment que d'autres ne le font pas. En luttant contre la fraude fiscale, les autorités fiscales peuvent renforcer la légitimité du système fiscal et améliorer la confiance des citoyens. Par exemple, en Espagne, la mise en place d'un système de déclaration de revenus préremplie a permis de réduire la fraude fiscale et d'améliorer la confiance des citoyens dans le système fiscal.
Quatrièmement, la réduction de la dette publique La lutte contre la fraude fiscale peut également contribuer à réduire la dette publique. En effet, les recettes fiscales supplémentaires peuvent être

utilisées pour réduire le déficit budgétaire et rembourser la dette publique. Par exemple, en Italie, la lutte contre la fraude fiscale a permis de récupérer 14 milliards d'euros en 2019, ce qui a contribué à réduire le déficit budgétaire et la dette publique.

Cinquièmement, le financement de politiques sociales. Enfin, les recettes fiscales supplémentaires générées par la lutte contre la fraude fiscale peuvent être utilisées pour financer des politiques sociales, comme la santé, l'éducation ou la protection sociale. Par exemple, en Argentine, le gouvernement a lancé en 2019 un programme de lutte contre la fraude fiscale qui a permis de récupérer environ 2,2 milliards de dollars, soit l'équivalent de 0,5% du PIB du pays. Ces recettes ont été utilisées pour financer des programmes de protection sociale, notamment des aides pour les familles les plus pauvres et des subventions pour les petites entreprises.

En résumé, la lutte contre la fraude fiscale peut avoir des impacts économiques positifs importants, notamment en termes d'augmentation des recettes fiscales. Ces recettes supplémentaires peuvent être utilisées pour financer des politiques publiques qui créent des emplois, réduisent les distorsions de concurrence, améliorent la confiance des citoyens dans le système fiscal, réduisent la dette publique et financent des politiques sociales. Ces exemples montrent que la lutte contre la fraude fiscale peut contribuer à une économie plus juste et plus durable.

B. Les impacts sociaux

La lutte contre la fraude fiscale peut avoir des impacts sociaux positifs importants, en particulier en améliorant la justice fiscale et en renforçant le sentiment de solidarité entre les citoyens. Dans cette sous-partie, nous allons explorer ces impacts sociaux en détail et fournir des exemples concrets.

Tout d'abord, il est important de noter que la fraude fiscale peut avoir des conséquences négatives sur la société. Lorsque certains individus ou entreprises évitent de payer leur part d'impôts, cela met en danger la stabilité du système fiscal et peut entraîner une perte de confiance des citoyens dans les autorités fiscales. De plus, la fraude fiscale peut conduire à des inégalités économiques et sociales, en favorisant les plus riches et en pénalisant les plus vulnérables.

En revanche, la lutte contre la fraude fiscale peut contribuer à renforcer la justice fiscale et à promouvoir la solidarité entre les citoyens. En effet, lorsque les personnes et les entreprises paient leur part d'impôts, cela permet de financer les dépenses publiques, comme la santé, l'éducation et les infrastructures, qui bénéficient à l'ensemble de la population. La lutte contre la fraude fiscale permet également de réduire les inégalités économiques et sociales, en garantissant que chacun contribue selon ses moyens.

Un exemple concret de l'impact social positif de la lutte contre la fraude fiscale est la mise en place de politiques fiscales progressistes, qui permettent de réduire les inégalités de revenus et de patrimoine.

Par exemple, certains pays ont mis en place des impôts sur la fortune ou des impôts sur les successions pour assurer une répartition plus équitable des richesses. De même, les systèmes d'impôts sur le revenu peuvent être progressifs, c'est-à-dire que les taux d'imposition augmentent avec le niveau de revenu, afin de garantir que les personnes les plus aisées contribuent davantage au financement des dépenses publiques.

La lutte contre la fraude fiscale peut également contribuer à renforcer le sentiment de solidarité entre les citoyens en assurant que chacun contribue équitablement à la vie publique. Dans certains pays, la fraude fiscale est perçue comme un comportement immoral et antisocial, car elle prive la société des ressources nécessaires pour financer des services publics de qualité. En luttant contre la fraude fiscale, les autorités fiscales peuvent renforcer ce sentiment de solidarité en montrant que les impôts sont un moyen pour chaque citoyen de contribuer à la vie publique.

Un exemple concret de cette solidarité est l'impôt sur le revenu en France. Cet impôt est considéré comme une forme de solidarité nationale, car il est censé contribuer à financer les dépenses publiques et à réduire les inégalités. Les personnes les plus aisées paient ainsi une part plus importante de leur revenu en impôt sur le revenu, tandis que les personnes les plus modestes sont exonérées ou bénéficient d'un taux réduit. De cette manière, l'impôt sur le revenu peut contribuer à renforcer le sentiment de solidarité en garantissant que chacun contribue selon ses moyens à la vie publique.

Chapitre 2 : L'amélioration de la justice fiscale

L'amélioration de la justice fiscale est l'un des principaux bénéfices des politiques de lutte contre la fraude fiscale. Elle permet de garantir que tous les contribuables paient leur juste part d'impôt, ce qui peut réduire les inégalités fiscales et sociales.

Une première manière d'améliorer la justice fiscale est d'assurer une application équitable de la loi fiscale. Cela implique de garantir que tous les contribuables sont traités de manière égale devant la loi, sans discrimination fondée sur leur statut social, leur origine ethnique ou leur situation économique. Par exemple, les politiques fiscales qui ciblent les petits contribuables tout en épargnant les grandes entreprises et les riches contribuables ne sont pas considérées comme équitables.

Une deuxième manière d'améliorer la justice fiscale est de réduire l'évasion fiscale et la fraude fiscale. Ces phénomènes sont souvent associés à des pratiques illégales, telles que la sous-déclaration des revenus, l'utilisation de paradis fiscaux ou la manipulation des prix de transfert. En combattant ces pratiques, les politiques de lutte contre la fraude fiscale contribuent à renforcer la justice fiscale en garantissant que tous les contribuables paient leur juste part d'impôt.

Enfin, l'amélioration de la justice fiscale passe également par une meilleure transparence fiscale. Cela implique de rendre les règles fiscales plus claires et plus accessibles aux contribuables, de communiquer efficacement sur les politiques fiscales et les recettes fiscales, et de garantir que les contribuables disposent des informations nécessaires pour déclarer leurs revenus et payer leurs impôts de manière adéquate.

En somme, l'amélioration de la justice fiscale est essentielle pour renforcer la confiance dans le système fiscal et réduire les inégalités fiscales et sociales. Les politiques de lutte contre la fraude fiscale peuvent contribuer à atteindre cet objectif en garantissant une application équitable de la loi fiscale, en réduisant l'évasion fiscale et la fraude fiscale, et en améliorant la transparence fiscale.

I. L'élaboration de la loi fiscale

   A. Application équitable sans discrimination

Cette approche repose sur le principe fondamental de l'égalité devant la loi, qui suppose que tous les individus, sans distinction de leur statut social, de leur origine ethnique ou de leur situation économique, doivent être traités de manière égale devant la loi fiscale. Cependant, dans de nombreux pays, les politiques fiscales sont souvent conçues de manière à favoriser certains groupes de contribuables, tels que les grandes entreprises ou les contribuables les plus riches, tandis que d'autres sont traités de manière moins favorable. Ce traitement inéquitable peut conduire à une méfiance envers le système fiscal et à une perte de confiance dans la justice fiscale.

Un exemple concret de l'impact négatif de cette inégalité est la situation en France avant la réforme fiscale de 2013[20]. À l'époque, le système fiscal était considéré comme inéquitable car il favorisait les plus riches, notamment les grandes entreprises et les contribuables les plus aisés, au détriment des classes moyennes et des petits contribuables. Par exemple, les grandes entreprises bénéficiaient souvent d'exonérations fiscales et de niches fiscales, ce qui réduisait considérablement leur taux d'imposition réel. En revanche, les classes moyennes et les petits contribuables étaient souvent confrontés à des taux d'imposition élevés et à une complexité administrative qui les dissuadait de remplir leurs obligations fiscales.

Face à cette situation, le gouvernement français a mis en place une réforme fiscale en 2013 pour renforcer la justice fiscale. Cette réforme visait à réduire les inégalités fiscales en augmentant la progressivité de l'impôt sur le revenu et en réduisant les niches fiscales pour les grandes entreprises. Elle a également renforcé les contrôles fiscaux pour lutter contre l'évasion fiscale et la fraude fiscale, et a créé une nouvelle agence fiscale chargée de lutter contre la fraude fiscale.

Les résultats de cette réforme ont été significatifs. Tout d'abord, elle a permis de renforcer la justice fiscale en réduisant les inégalités fiscales. Par exemple, le taux d'imposition effectif des grandes entreprises a été augmenté, ce qui a permis de réduire les niches fiscales et d'augmenter les recettes fiscales. De plus, les contrôles fiscaux ont permis de lutter efficacement contre l'évasion fiscale et la fraude fiscale, ce qui a contribué à accroître la confiance dans le système fiscal.

Enfin, cette réforme a eu des effets bénéfiques sur l'économie française dans son ensemble. En augmentant les recettes fiscales, elle a permis au gouvernement d'investir davantage dans les services publics et d'accroître les dépenses sociales, ce qui a contribué à réduire les inégalités économiques et sociales. De plus, elle a permis de renforcer la confiance dans le système fiscal, ce qui a favorisé l'investissement et la croissance économique.

En somme, garantir une application équitable de la loi fiscale pour tous les contribuables, sans discrimination, est un élément crucial pour améliorer la justice fiscale. Cela nécessite une réforme fiscale qui renforce la progressivité de l'impôt, réduise les niches fiscales pour les grandes entreprises, renforce les contrôles fiscaux et crée des agences fiscales spécialisées pour lutter contre la fraude fiscale. Cette approche peut contribuer à renforcer la confiance dans le système fiscal, à réduire les

---

[20] Grande réforme fiscale de 2013 : « de 2010 à 2014, les prélèvements obligatoires en France ont augmenté de 60 milliards d'euros (soit de 3 % du PIB). En termes de prélèvements obligatoires, la France se place au deuxième rang du monde » (https://www.cairn.info/article.php?ID_ARTICLE=REOF_139_0327)

inégalités fiscales et économiques, à accroître les recettes fiscales et à favoriser la croissance économique.

Cependant, il convient de noter que la mise en œuvre de telles politiques n'est pas toujours facile et peut rencontrer des obstacles. Les lobbys fiscaux, qui représentent les intérêts des grandes entreprises et des contribuables les plus riches, peuvent s'opposer à des réformes fiscales qui réduisent leurs avantages fiscaux. De plus, les États peuvent faire face à des difficultés techniques et administratives pour mettre en place des politiques fiscales équitables et efficaces.

En définitive, l'amélioration de la justice fiscale est une question complexe et multidimensionnelle qui nécessite une réforme fiscale globale, des contrôles fiscaux efficaces et une coopération internationale pour lutter contre l'évasion fiscale et la fraude fiscale transfrontalière. Il est donc essentiel que les gouvernements travaillent ensemble pour développer des politiques fiscales justes et efficaces qui bénéficient à tous les contribuables et à la société dans son ensemble.

B. Règles fiscales claires et compréhensibles

A partir du constat que les règles fiscales compliquées peuvent facilement conduire à des erreurs fiscales involontaires de la part des contribuables. Ces erreurs peuvent entraîner des sanctions fiscales et des problèmes financiers pour les contribuables concernés.

Les règles fiscales claires et compréhensibles sont donc essentielles pour garantir que tous les contribuables sont en mesure de respecter leurs obligations fiscales de manière adéquate et pour renforcer la confiance dans le système fiscal.

Un exemple de l'importance des règles fiscales claires et compréhensibles peut être trouvé dans le contexte de la taxe sur la valeur ajoutée (TVA). La TVA est un impôt indirect sur la consommation qui est généralement collecté auprès des consommateurs par les entreprises et ensuite reversé aux autorités fiscales. Le taux de TVA varie souvent en fonction du type de bien ou de service acheté.

Cependant, les règles fiscales relatives à la TVA peuvent être très complexes, ce qui rend difficile pour les contribuables de comprendre exactement quand la TVA doit être facturée et à quel taux. Par exemple, en Europe, les règles fiscales de la TVA peuvent varier considérablement d'un État membre à l'autre, ce qui peut entraîner une confusion supplémentaire pour les entreprises qui opèrent dans plusieurs pays.

Dans un tel contexte, les entreprises ont besoin d'un soutien clair et compréhensible de la part des autorités fiscales pour comprendre les règles fiscales de la TVA. Cela peut inclure des informations sur les taux de TVA applicables, les exemptions fiscales et les obligations de déclaration fiscale. Les entreprises peuvent également bénéficier d'une assistance pour la mise en place de systèmes de facturation et de comptabilité appropriés pour la TVA.

De plus, les autorités fiscales peuvent fournir des ressources éducatives et de formation aux entreprises pour les aider à comprendre les règles fiscales de la TVA et à respecter leurs obligations fiscales. Cela peut inclure des séances d'information, des publications d'information, des webinaires et des forums de discussion.

En résumé, les règles fiscales claires et compréhensibles sont essentielles pour améliorer la justice fiscale. Des règles fiscales compliquées peuvent conduire à des erreurs fiscales involontaires de la part des contribuables, ce qui peut entraîner des sanctions fiscales et des problèmes financiers pour les contribuables concernés. Un exemple de l'importance des règles fiscales claires et compréhensibles peut être trouvé dans le contexte de la TVA, où les entreprises ont besoin d'un soutien clair et compréhensible de la part des autorités fiscales pour comprendre les règles fiscales de la TVA et respecter leurs obligations fiscales. Les autorités fiscales peuvent fournir des ressources éducatives et de formation pour aider les entreprises à comprendre les règles fiscales de la TVA et à respecter leurs obligations fiscales.

C. Répartition équitable de la charge fiscale

La répartition équitable de la charge fiscale est un élément clé de l'amélioration de la justice fiscale. Cette sous-partie fait référence à la nécessité de s'assurer que différents types de contribuables (personnes physiques, entreprises, etc.) paient leur juste part d'impôt en fonction de leurs revenus et de leur capacité contributive.

La répartition équitable de la charge fiscale est souvent considérée comme un enjeu complexe car elle implique de prendre en compte plusieurs facteurs. Il est nécessaire de trouver un équilibre entre le besoin de financement des services publics et des infrastructures, d'une part, et le risque de créer des inégalités sociales et économiques, d'autre part.

L'un des défis majeurs liés à la répartition équitable de la charge fiscale est de garantir que les entreprises paient leur juste part d'impôt. Les grandes entreprises ont souvent recours à des stratégies d'optimisation fiscale pour réduire leur facture fiscale, parfois de manière agressive. Ces pratiques ont conduit à une situation où certaines entreprises multinationales paient très peu d'impôts dans les pays où elles exercent leurs activités économiques, ce qui peut mettre en danger les recettes fiscales des États.

Des mesures ont été prises pour lutter contre l'évasion fiscale et la fraude fiscale des entreprises, notamment au niveau international. L'Organisation de coopération et de développement économiques

(OCDE) a développé un plan d'action contre l'érosion de la base d'imposition et le transfert de bénéfices (BEPS), qui vise à réduire les possibilités d'optimisation fiscale abusive pour les entreprises multinationales.

Par exemple, la France a introduit la Taxe sur les Services Numériques (TSN) en 2019[21], qui vise à taxer les entreprises du numérique sur leurs revenus générés en France. Cette taxe a été critiquée par les États-Unis et d'autres pays qui estiment qu'elle viole les règles internationales de commerce, mais elle a été maintenue par la France dans l'attente d'une solution internationale à la question de la taxation des entreprises du numérique.

La répartition équitable de la charge fiscale peut également être abordée en termes de progressivité de l'impôt sur le revenu. Les systèmes fiscaux progressifs impliquent que les personnes ayant des revenus plus élevés paient une proportion plus élevée de leur revenu en impôts que les personnes ayant des revenus plus faibles. Les impôts progressifs ont été justifiés sur la base de l'idée que ceux qui ont plus de moyens doivent contribuer davantage au financement des services publics et des infrastructures.

Cependant, certains critiques estiment que les systèmes fiscaux progressifs peuvent créer des distorsions économiques et décourager les personnes à travailler dur ou à investir. Dans ce contexte, il est important d'évaluer attentivement les avantages et les inconvénients des différents types de systèmes fiscaux et de trouver un équilibre entre la nécessité de financer les services publics et des infrastructures et la nécessité de préserver l'incitation à l'investissement et à la création d'emplois.

En somme, la répartition équitable de la charge fiscale est un élément clé de l'amélioration de la justice fiscale. Elle nécessite de prendre en compte plusieurs facteurs et d'évaluer attentivement les avantages et les inconvénients des différentes options. L'objectif est de trouver un équilibre entre le besoin de financement des services publics et des infrastructures et le risque de créer des inégalités sociales et économiques.

Au-delà de la taxation des entreprises et de la progressivité de l'impôt sur le revenu, il est également important d'assurer une répartition équitable de la charge fiscale entre les différentes catégories de contribuables, y compris les travailleurs indépendants, les retraités et les propriétaires immobiliers. Des politiques fiscales appropriées peuvent aider à garantir que les personnes les plus vulnérables de la société ne supportent pas une part disproportionnée de la charge fiscale.

En outre, la répartition équitable de la charge fiscale peut être améliorée en encourageant la conformité fiscale. Cela peut être accompli par le biais de programmes de sensibilisation et d'éducation

---

[21] https://www.legifiscal.fr/impots-entreprises/taxes-diverses/taxes-chiffre-affaires/taxe-services-numeriques.html

fiscale, ainsi que par la simplification du système fiscal. Un système fiscal simple et transparent peut aider à réduire les coûts de conformité fiscale pour les contribuables et à améliorer la perception de l'équité fiscale.

Enfin, la répartition équitable de la charge fiscale peut être considérée comme un élément clé d'une gouvernance fiscale plus large. Une bonne gouvernance fiscale implique des normes élevées en matière de transparence, de responsabilité et de participation citoyenne dans le processus budgétaire. Une telle gouvernance fiscale peut contribuer à garantir que les politiques fiscales sont mises en œuvre de manière juste et équitable, et que les recettes fiscales sont utilisées de manière efficace et efficiente pour le bien-être général de la société.

En conclusion, la répartition équitable de la charge fiscale est un élément clé de l'amélioration de la justice fiscale. Elle nécessite une réflexion approfondie et une évaluation attentive des différentes options pour trouver un équilibre entre la nécessité de financer les services publics et des infrastructures et le risque de créer des inégalités sociales et économiques. La taxation des entreprises, la progressivité de l'impôt sur le revenu, l'encouragement de la conformité fiscale, la simplification du système fiscal et une gouvernance fiscale plus large sont autant d'éléments qui peuvent contribuer à atteindre cet objectif.

D. Transparence au service de la conformité fiscale

La communication efficace sur les politiques fiscales et les recettes fiscales est essentielle pour améliorer la justice fiscale. Les contribuables doivent comprendre comment leur argent est collecté et utilisé par l'État pour soutenir les infrastructures et les services publics, ce qui contribue à renforcer la transparence fiscale et la confiance dans le système fiscal.

En effet, la transparence fiscale est essentielle pour garantir que les contribuables paient leur juste part d'impôts et que les gouvernements utilisent les recettes fiscales de manière responsable. Les contribuables doivent comprendre les politiques fiscales pour pouvoir évaluer leur impact sur leur propre situation financière et sociale, et pour pouvoir participer activement aux débats sur les choix fiscaux.

De plus, la communication efficace sur les politiques fiscales et les recettes fiscales peut contribuer à réduire la fraude fiscale en encourageant la conformité volontaire des contribuables. Si les contribuables comprennent mieux les implications de leur comportement fiscal, ils sont plus susceptibles de respecter les règles fiscales et de payer leur juste part d'impôts.

Un exemple concret de communication efficace sur les politiques fiscales est celui du service d'imposition suédois. Depuis les années 1990, le service d'imposition suédois a mis en place une politique de transparence fiscale qui consiste à publier les déclarations de revenus et de patrimoine de tous les citoyens suédois sur son site web, en garantissant l'anonymat des contribuables. Cette politique a été mise en place pour améliorer la transparence fiscale et la responsabilité, et pour réduire la fraude fiscale en incitant les contribuables à déclarer de manière plus complète et plus précise leurs revenus et leur patrimoine.[22]

L'impact de cette politique a été significatif. En effet, la Suède a l'un des taux de conformité fiscale les plus élevés au monde. Selon le service d'imposition suédois, la publication des déclarations de revenus et de patrimoine a incité les contribuables à déclarer de manière plus complète et plus précise leurs revenus et leur patrimoine, car ils savent que leur déclaration est susceptible d'être vérifiée. Cette politique a également renforcé la confiance des contribuables dans le système fiscal et a permis de réduire le sentiment d'injustice fiscale.

En conclusion, la communication efficace sur les politiques fiscales et les recettes fiscales est essentielle pour améliorer la justice fiscale. La transparence fiscale peut contribuer à renforcer la conformité fiscale, à réduire la fraude fiscale et à renforcer la confiance dans le système fiscal. La publication des déclarations de revenus et de patrimoine est un exemple concret de politique de transparence fiscale qui peut avoir un impact significatif sur la justice fiscale.

II. L'engagement des autorités fiscales

A. Coopération internationale renforcée

Là encore, La coopération internationale est l'un des moyens les plus efficaces de lutter contre les pratiques fiscales abusives telles que l'évasion fiscale et la fraude fiscale. Cela implique de travailler ensemble avec d'autres pays pour partager des informations et mettre en place des réglementations communes pour empêcher les contribuables de profiter des divergences fiscales entre les pays.

Un exemple de coopération internationale pour lutter contre la fraude fiscale est la Convention multilatérale sur l'assistance administrative mutuelle en matière fiscale[23], un accord international conclu sous les auspices de l'OCDE en 2010. Cette convention a été signée par plus de 130 pays et fournit un cadre pour la coopération internationale en matière fiscale, en établissant des règles et des procédures pour l'échange d'informations fiscales entre les autorités fiscales.

---

[22] https://www.lemonde.fr/idees/article/2013/01/10/vive-le-modele-suedois_1815026_3232.html

[23] https://www.oecd.org/fr/fiscalite/echange-de-renseignements-fiscaux/convention-concernant-l-assistance-administrative-mutuelle-en-matiere-fiscale.htm

La Convention multilatérale sur l'assistance administrative mutuelle en matière fiscale permet aux autorités fiscales d'un pays d'obtenir des informations sur les contribuables qui ont des actifs à l'étranger ou qui ont des activités économiques dans d'autres pays. Les informations peuvent être utilisées pour vérifier la conformité fiscale des contribuables, pour identifier les cas de fraude fiscale et pour récupérer les impôts impayés.

Un exemple concret de l'efficacité de cette coopération internationale est le scandale des *Panama Papers* en 2016[24]. Ces documents ont révélé l'utilisation généralisée de sociétés offshore dans des paradis fiscaux pour éviter de payer des impôts. Suite à cela, de nombreux pays ont commencé à travailler ensemble pour enquêter sur ces sociétés et les propriétaires, et récupérer les impôts impayés.

En France, la Direction Générale des Finances Publiques (DGFiP) a également bénéficié de cette convention dans le cadre de son action de lutte contre l'évasion fiscale et la fraude fiscale. Elle a notamment pu bénéficier de l'échange d'informations fiscales avec d'autres pays pour vérifier la conformité fiscale des contribuables, identifier les fraudes fiscales et récupérer les impôts impayés.

La coopération internationale en matière fiscale permet également de mettre en place des réglementations communes pour éviter les pratiques fiscales abusives, telles que l'utilisation abusive des paradis fiscaux et des transferts de bénéfices. Par exemple, l'Union Européenne a adopté des directives pour lutter contre l'évasion fiscale et la fraude fiscale, notamment en imposant aux entreprises de déclarer les bénéfices réalisés et les impôts payés dans chaque pays où elles opèrent.

En somme, la coopération internationale est un élément clé pour lutter contre la fraude fiscale et améliorer la justice fiscale. Les réglementations communes et l'échange d'informations fiscales permettent de mettre en place des pratiques fiscales équitables et de garantir que tous les contribuables paient leur juste part d'impôt.

Les exemples de la Convention multilatérale sur l'assistance administrative mutuelle en matière fiscale et des directives de l'Union Européenne montrent que la coopération internationale peut être efficace pour lutter contre les pratiques fiscales abusives et améliorer la justice fiscale. Cependant, il est important de souligner que la coopération internationale n'est pas la seule solution pour lutter contre la fraude fiscale et que d'autres mesures doivent également être prises, telles que la mise en place de réglementations nationales solides, la formation des autorités fiscales et la sensibilisation des contribuables aux enjeux de la fraude fiscale.

De plus, la mise en place de réglementations communes nécessite souvent du temps et des négociations entre les pays, ce qui peut rendre difficile la coordination internationale en matière fiscale.

---

[24] https://www.lemonde.fr/panama-papers/article/2016/12/14/panama-papers-huit-mois-apres-les-consequences-historiques-du-scandale_5048951_4890278.html

Enfin, certains pays peuvent être réticents à partager des informations fiscales avec d'autres pays, en raison de préoccupations relatives à la vie privée des contribuables.

En conclusion, la coopération internationale est un élément clé pour lutter contre la fraude fiscale et améliorer la justice fiscale. La Convention multilatérale sur l'assistance administrative mutuelle en matière fiscale et les directives de l'Union Européenne sont des exemples concrets de l'efficacité de cette coopération. Cependant, d'autres mesures doivent également être prises pour lutter contre la fraude fiscale, telles que la mise en place de réglementations nationales solides et la formation des autorités fiscales.

B. Mesures préventives

La lutte contre l'utilisation abusive des paradis fiscaux et des transferts de bénéfices est une sous-partie importante de l'amélioration de la justice fiscale. Cette question a été mise en lumière ces dernières années à travers des scandales fiscaux tels que les *Panama Papers*, les *LuxLeaks* ou les *Paradise Papers*, qui ont révélé comment les entreprises multinationales ont utilisé les paradis fiscaux pour réduire leur charge fiscale. Dans cet exemple, nous allons explorer comment les politiques de lutte contre l'utilisation abusive des paradis fiscaux et des transferts de bénéfices peuvent contribuer à améliorer la justice fiscale.

Tout d'abord, il est important de comprendre ce qu'est un paradis fiscal. Les paradis fiscaux sont des territoires qui offrent des régimes fiscaux favorables aux entreprises et aux individus, leur permettant de réduire leur charge fiscale en profitant de taux d'imposition bas, de réglementations laxistes et de secret bancaire. Ces territoires sont souvent situés dans des juridictions éloignées, offrant ainsi un haut degré d'opacité fiscale. Les transferts de bénéfices, quant à eux, consistent à transférer artificiellement des profits d'une filiale à une autre, afin de minimiser la charge fiscale dans les pays où l'entreprise opère.

L'utilisation abusive des paradis fiscaux et des transferts de bénéfices a des effets néfastes sur la justice fiscale. En effet, elle permet aux entreprises multinationales de réduire leur charge fiscale, ce qui peut créer des inégalités fiscales avec les petites entreprises et les particuliers qui ne disposent pas des mêmes moyens pour réduire leur charge fiscale. Elle permet également aux entreprises multinationales de transférer leurs profits dans des territoires fiscalement avantageux, au détriment des pays où elles opèrent, qui perdent ainsi une partie de leur recette fiscale. Cela peut également réduire la capacité des gouvernements à financer des services publics essentiels, tels que la santé, l'éducation et les infrastructures.

Pour lutter contre l'utilisation abusive des paradis fiscaux et des transferts de bénéfices, les gouvernements peuvent mettre en place des politiques de transparence fiscale et de coopération internationale. Par exemple, la directive européenne « *reporting* pays par pays » oblige les entreprises multinationales à fournir des informations sur leurs activités et leurs bénéfices dans chaque pays où elles opèrent. Cette mesure permet de détecter les transferts de bénéfices artificiels et de s'assurer que les entreprises multinationales paient leur juste part d'impôt dans chaque pays où elles opèrent.

Les gouvernements peuvent également renforcer la coopération internationale pour lutter contre les pratiques fiscales abusives. Par exemple, l'Organisation de coopération et de développement économiques (OCDE) a développé un plan d'action pour lutter contre l'érosion de la base d'imposition et le transfert de bénéfices (BEPS), qui vise à renforcer la coopération internationale et à promouvoir une taxation plus juste des entreprises multinationales.

Enfin, les sanctions pour les contrevenants à la loi fiscale peuvent également contribuer à réduire l'utilisation abusive des paradis fiscaux et des transferts de bénéfices. Les gouvernements peuvent imposer des sanctions sévères aux entreprises qui contournent la loi fiscale, par exemple en les obligeant à payer des amendes importantes ou en les excluant des marchés publics.

En conclusion, la lutte contre l'utilisation abusive des paradis fiscaux et des transferts de bénéfices est un enjeu crucial pour l'amélioration de la justice fiscale. Les politiques de transparence fiscale, de coopération internationale et de sanctions pour les contrevenants à la loi fiscale peuvent contribuer à réduire les inégalités fiscales et à promouvoir une taxation plus juste des entreprises multinationales. Il est important de mettre en place des mesures efficaces pour lutter contre l'utilisation abusive des paradis fiscaux et des transferts de bénéfices, afin de garantir que toutes les entreprises et tous les citoyens paient leur juste part d'impôt et que les recettes fiscales sont utilisées de manière équitable pour financer des services publics essentiels.

C. Poursuite active des fraudeurs

L'importance de l'engagement des autorités fiscales pour poursuivre activement les fraudeurs fiscaux et à garantir que la justice est rendue de manière transparente et équitable. En effet, la confiance dans le système fiscal dépend en grande partie de la perception que les contribuables ont de l'équité du traitement qu'ils reçoivent en cas de non-respect des règles fiscales. Cette sous-partie est donc essentielle pour garantir une amélioration de la justice fiscale.

Poursuivre activement les fraudeurs fiscaux est crucial pour dissuader d'autres contribuables de commettre des infractions fiscales. Si les contribuables ne craignent pas d'être poursuivis en cas d'infraction fiscale, ils peuvent être tentés de ne pas respecter les règles fiscales ou de sous-déclarer leurs revenus. Par conséquent, l'application effective de la loi fiscale et la poursuite des fraudeurs fiscaux est une condition préalable essentielle pour assurer une justice fiscale équitable.

Garantir que la justice est rendue de manière transparente et équitable est également essentiel pour renforcer la confiance dans le système fiscal. Les contribuables doivent avoir la certitude que les procédures judiciaires sont justes et équitables, sans discrimination ou partialité. Cela implique de garantir un accès égal à la justice pour tous les contribuables, quelle que soit leur situation économique ou sociale.

Un exemple de l'importance de l'engagement des autorités fiscales pour poursuivre activement les fraudeurs fiscaux peut être observé dans le cas du scandale des *Panama Papers*. Ce scandale a révélé l'utilisation par de nombreux contribuables de sociétés offshore pour dissimuler des revenus et des actifs et éviter ainsi de payer des impôts. Les révélations ont suscité une forte indignation de la part du public et ont mis en évidence les limites de la lutte contre la fraude fiscale.

Cependant, les autorités fiscales ont réagi rapidement en lançant des enquêtes sur les contribuables impliqués dans le scandale et en poursuivant les fraudeurs fiscaux. Des sanctions ont été prises contre les entreprises et les individus impliqués dans les transactions illicites, et des amendes ont été infligées pour les revenus non déclarés. Les autorités fiscales ont également travaillé en étroite collaboration avec les autorités judiciaires pour garantir que les procédures étaient transparentes et équitables.

Cet exemple illustre l'importance de l'engagement des autorités fiscales pour poursuivre activement les fraudeurs fiscaux et garantir que la justice est rendue de manière transparente et équitable. En effet, sans cet engagement, les contribuables peuvent être tentés de ne pas respecter les règles fiscales, ce qui peut nuire à la confiance dans le système fiscal et réduire les recettes fiscales. Par conséquent, l'engagement des autorités fiscales à poursuivre les fraudeurs fiscaux est une condition sine qua non pour améliorer la justice fiscale et renforcer la confiance dans le système fiscal.

Pour conclure, l'amélioration de la justice fiscale est un enjeu majeur pour garantir l'équité et l'efficacité du système fiscal. Elle implique une série de mesures visant à renforcer l'équité fiscale, à lutter contre la fraude fiscale et à garantir une application juste et équitable des règles fiscales. Les autorités fiscales ont un rôle crucial à jouer dans la mise en œuvre de ces mesures, en travaillant en étroite collaboration avec les autorités judiciaires pour garantir que la justice est rendue de manière transparente et équitable.

En fin de compte, l'amélioration de la justice fiscale est essentielle pour assurer la confiance dans le système fiscal, pour renforcer les recettes fiscales et pour promouvoir l'équité et la justice fiscale. Les gouvernements doivent donc être proactifs dans la mise en place de politiques et de mesures visant à améliorer la justice fiscale, en veillant à ce que les autorités fiscales soient engagées à poursuivre activement les fraudeurs fiscaux et à garantir que la justice est rendue de manière transparente et équitable. Ce n'est qu'alors que nous pourrons espérer un système fiscal plus juste et plus efficace pour tous.

D. Programmes de soutien à la conformité fiscale au service des contribuables

Les programmes de soutien pour aider les contribuables à respecter leurs obligations fiscales sont essentiels pour améliorer la justice fiscale et renforcer la confiance dans le système fiscal. Ces programmes sont conçus pour aider les contribuables à comprendre les règles fiscales et les obligations qui en découlent, et à s'acquitter de leurs obligations fiscales de manière efficace et en toute confiance. Un exemple de programme de soutien est le dispositif de l'Agence nationale des titres sécurisés (ANTS)[25] en France, qui a été mis en place pour faciliter la déclaration en ligne des impôts et des taxes. L'ANTS propose une assistance en ligne et des outils de simulation pour aider les contribuables à comprendre les règles fiscales et à remplir leur déclaration de manière précise et complète.

Ce dispositif offre également un accès facile aux documents fiscaux, tels que les avis d'imposition, les relevés de compte et les certificats fiscaux, ce qui permet aux contribuables de suivre leurs paiements et leurs obligations fiscales en temps réel. Les contribuables peuvent également effectuer des paiements en ligne et bénéficier d'un traitement rapide de leurs demandes.

L'ANTS a également mis en place un système de communication sécurisé avec les autorités fiscales, permettant aux contribuables de poser des questions et de recevoir des réponses rapides et précises sur les règles fiscales. Ce système contribue à renforcer la confiance des contribuables dans le système fiscal et à réduire les risques d'erreurs ou d'omissions dans les déclarations fiscales.

Un autre exemple de programme de soutien est celui du Service des impôts des particuliers (SIP) en Belgique[26], qui a mis en place un système de conseil fiscal gratuit pour les contribuables ayant des difficultés à remplir leur déclaration d'impôt ou à s'acquitter de leurs obligations fiscales. Les contribuables peuvent bénéficier d'un entretien avec un conseiller fiscal pour clarifier leurs obligations fiscales et recevoir des conseils sur la manière de remplir leur déclaration de manière précise et complète.

Le SIP offre également un système de communication en ligne sécurisé pour répondre aux questions des contribuables et leur fournir des informations sur les règles fiscales et les procédures de paiement. Ce système contribue à renforcer la confiance des contribuables dans le système fiscal et à réduire les risques de non-conformité fiscale.

---

[25] https://ants.gouv.fr

[26] https://finances.belgium.be/fr/particuliers/declaration_impot

En somme, les programmes de soutien pour aider les contribuables à respecter leurs obligations fiscales sont un élément essentiel de l'amélioration de la justice fiscale. Ces programmes contribuent à renforcer la confiance des contribuables dans le système fiscal en offrant une assistance et des conseils pour comprendre les règles fiscales et s'acquitter de leurs obligations fiscales de manière précise et complète. Les exemples de l'ANTS en France et du SIP en Belgique montrent comment ces programmes peuvent contribuer à réduire les risques de non-conformité fiscale et à améliorer la qualité de l'application de la loi fiscale.

III. La mise en place des sanctions
A. Mécanismes de contrôle

L'une des principales raisons de l'injustice fiscale est le non-respect des obligations fiscales, qui peut prendre la forme d'évasion fiscale ou de fraude fiscale. Ces pratiques ont des conséquences importantes sur les finances publiques et sur la confiance des citoyens dans le système fiscal. Dans cette sous-partie, nous allons examiner les mécanismes de contrôle utilisés pour réduire l'évasion fiscale et la fraude fiscale, et nous allons prendre l'exemple de la déclaration de revenus pour illustrer leur importance.

Les mécanismes de contrôle fiscaux sont des outils utilisés par les autorités fiscales pour garantir que les contribuables respectent leurs obligations fiscales. Ces outils peuvent prendre différentes formes, telles que des vérifications de comptabilité, des enquêtes fiscales, des contrôles sur place, ou encore l'échange automatique d'informations fiscales entre les États. L'objectif de ces mécanismes de contrôle est de détecter les cas de non-respect des obligations fiscales, de récupérer les montants dus, et de dissuader les contribuables de commettre des actes de fraude ou d'évasion fiscale.

Reprenons l'exemple de la déclaration de revenus pour illustrer l'importance des mécanismes de contrôle fiscaux. Dans la plupart des pays, les contribuables sont tenus de déclarer leurs revenus et de payer l'impôt sur le revenu correspondant. Cependant, certains contribuables peuvent être tentés de sous-déclarer leurs revenus ou de ne pas les déclarer du tout. Ils peuvent également tenter de déduire des frais qui ne sont pas admissibles, ou de dissimuler des revenus dans des comptes à l'étranger.

Pour lutter contre ces pratiques, les autorités fiscales peuvent utiliser différents mécanismes de contrôle. Par exemple, elles peuvent mener des vérifications de comptabilité pour s'assurer que les contribuables ont correctement déclaré leurs revenus et leurs frais, ou encore pour vérifier l'existence de comptes à l'étranger. Elles peuvent également utiliser des algorithmes pour identifier les écarts entre les données déclarées par les contribuables et les normes de référence, ou pour repérer les anomalies dans les déclarations fiscales.

L'utilisation de ces mécanismes de contrôle peut avoir un impact significatif sur l'amélioration de la justice fiscale. En effet, ils permettent de détecter les cas de fraude fiscale et d'évasion fiscale, et de récupérer les montants dus. Ils ont également un effet dissuasif sur les contribuables, qui savent que les autorités fiscales disposent de moyens pour détecter les pratiques frauduleuses.

Cependant, il est important de noter que les mécanismes de contrôle fiscaux peuvent également avoir des effets négatifs. Par exemple, ils peuvent engendrer des coûts élevés pour les contribuables et pour les autorités fiscales, et peuvent donner lieu à des litiges fiscaux.

De plus, s'ils sont mal conçus ou mal appliqués, les mécanismes de contrôle fiscaux peuvent également engendrer des atteintes aux droits et aux libertés individuelles, ce qui pourrait créer des tensions avec les contribuables. Par conséquent, il est essentiel que les mécanismes de contrôle soient proportionnés et justifiés, et qu'ils respectent les principes de transparence, de confidentialité et de protection des données.

En résumé, la quatrième sous-partie de l'amélioration de la justice fiscale concerne les mécanismes de contrôle fiscaux utilisés pour réduire l'évasion fiscale et la fraude fiscale. Ces outils peuvent avoir un impact significatif sur la justice fiscale en détectant les cas de non-respect des obligations fiscales, en récupérant les montants dus, et en dissuadant les contribuables de commettre des actes de fraude ou d'évasion fiscale. Cependant, ils doivent être conçus et appliqués de manière proportionnée et respectueuse des droits et des libertés individuelles.

Dans le cas de la déclaration de revenus, les mécanismes de contrôle fiscaux peuvent permettre de réduire les écarts de perception fiscale entre les contribuables les plus vertueux et les contribuables qui ne respectent pas leurs obligations fiscales. En effet, en détectant les cas de sous-déclaration ou de non-déclaration de revenus, les autorités fiscales peuvent récupérer les montants dus et ainsi augmenter les recettes fiscales. Cela permet également de réduire les charges fiscales supportées par les contribuables les plus vertueux, qui paient l'impôt sur la totalité de leurs revenus, alors que les fraudeurs fiscaux ne paient pas leur part. Enfin, la lutte contre la fraude fiscale contribue à améliorer la confiance des citoyens dans le système fiscal, en garantissant que chacun paie sa juste part.

B. Sanctions dissuasives au renfort de la justice fiscale

Cette mesure est essentielle pour réduire l'évasion fiscale et la fraude fiscale, qui constituent un grave problème économique et social.

Les sanctions fiscales sont des pénalités financières imposées aux contribuables qui ne respectent pas leurs obligations fiscales. Les sanctions peuvent varier en fonction de la gravité de l'infraction, de l'intentionnalité de la fraude et des circonstances atténuantes. Elles peuvent être administratives (telles que des amendes fiscales) ou pénales (telles que des peines de prison ou des amendes criminelles).

L'objectif des sanctions fiscales est de dissuader les contribuables de commettre des infractions fiscales en leur faisant prendre conscience du risque de poursuites judiciaires et des coûts financiers associés à la fraude fiscale. En d'autres termes, les sanctions fiscales doivent être suffisamment dissuasives pour que les contribuables réfléchissent à deux fois avant de tenter de frauder le système fiscal.

Un exemple de sanctions fiscales dissuasives est celui de l'Union européenne, qui a récemment renforcé ses règles fiscales pour lutter contre l'évasion fiscale des entreprises multinationales. En 2019, l'Union européenne a adopté une directive sur les pratiques fiscales abusives, connue sous le nom de "DAC6"[27]. Cette directive oblige les entreprises à déclarer les schémas fiscaux potentiellement agressifs à leurs autorités fiscales locales. Si une entreprise ne se conforme pas à cette obligation de déclaration, elle risque des sanctions financières importantes.

La directive DAC6 est un exemple de sanctions fiscales dissuasives car elle impose une obligation de déclaration anticipée des schémas fiscaux potentiellement agressifs. Cette obligation de déclaration impose une charge administrative aux entreprises, mais elle peut aider les autorités fiscales à détecter les schémas fiscaux agressifs avant qu'ils ne soient mis en œuvre. En outre, l'absence de déclaration peut entraîner des sanctions financières importantes pour les entreprises, ce qui renforce leur motivation à se conformer à la loi fiscale.

En outre, l'Union européenne a également adopté une directive sur la lutte contre la fraude fiscale, connue sous le nom de "DAC7"[28]. Cette directive impose aux plateformes numériques (telles que Airbnb et Uber) de déclarer automatiquement les revenus générés par leurs utilisateurs à leurs autorités fiscales locales. Les plateformes numériques doivent également fournir des informations sur les propriétaires des biens loués et les conducteurs des véhicules loués.

Cette directive est un exemple de sanctions fiscales dissuasives car elle rend les plateformes numériques responsables de la déclaration des revenus de leurs utilisateurs. Si une plateforme ne se conforme pas à cette obligation de déclaration, elle risque des sanctions financières importantes. En outre, la déclaration automatique des revenus des utilisateurs peut aider les autorités fiscales à détecter les cas de sous-déclaration de revenus ou de non-déclaration de revenus, ce qui renforce la capacité des autorités fiscales à détecter et à poursuivre les fraudeurs fiscaux.

---

[27] https://www.legifrance.gouv.fr/jorf/id/JORFTEXT000038785404

[28] https://cms.law/fr/fra/news-information/dac-7-le-renforcement-de-la-cooperation-fiscale-pour-les-plateformes-numeriques

En conclusion, la mise en place de sanctions fiscales dissuasives est une mesure essentielle pour améliorer la justice fiscale. Les sanctions doivent être suffisamment sévères pour dissuader les contribuables de tenter de frauder le système fiscal. Les exemples de la directive DAC6 et DAC7 de l'Union européenne montrent que les sanctions fiscales peuvent être efficaces pour lutter contre l'évasion fiscale et la fraude fiscale, en particulier dans le contexte des nouvelles technologies et des entreprises multinationales. Il est donc important que les autorités fiscales continuent de renforcer leurs sanctions fiscales et de les adapter aux évolutions du marché et des pratiques fiscales.

Chapitre 3 : Stimuler la confiance dans le système fiscal

La confiance dans le système fiscal est un autre élément clé pour assurer une collecte fiscale efficace et équitable. Lorsque les contribuables ont confiance dans le système fiscal, ils sont plus susceptibles de se conformer aux règles fiscales et de payer leurs impôts. En revanche, lorsque la confiance dans le système fiscal est faible, les contribuables peuvent être moins enclins à payer leurs impôts, ce qui peut entraîner des pertes fiscales importantes pour les gouvernements.

Stimuler la confiance dans le système fiscal est donc crucial pour les gouvernements.

I. Transparence des autorités publiques

   A. **Transparence fiscale**

La transparence fiscale est centrale pour stimuler la confiance dans le système fiscal. Les citoyens ont besoin de comprendre comment fonctionne le système fiscal, comment leurs impôts sont collectés et dépensés, et quels sont leurs droits et responsabilités en matière fiscale. Lorsque les citoyens ont confiance dans le système fiscal, ils sont plus susceptibles de payer leurs impôts de manière volontaire et à temps, ce qui entraîne une augmentation des recettes fiscales et une amélioration de la santé économique du pays.

L'un des exemples les plus connus de transparence fiscale est le programme de divulgation volontaire (PDV) mis en place par l'Agence du revenu du Canada (ARC) en 1996[29]. Le PDV permet aux contribuables de corriger volontairement leurs déclarations fiscales passées en échange d'une réduction des pénalités fiscales et des intérêts. Le programme a été lancé en réponse à des préoccupations croissantes concernant l'évasion fiscale et la fraude fiscale au Canada.

Le PDV a été un succès pour plusieurs raisons. Tout d'abord, il a permis aux contribuables de corriger leurs erreurs fiscales sans craindre d'être poursuivis ou punis. En effet, le PDV offre une garantie de confidentialité à tous les participants, ce qui signifie que l'ARC ne divulguera pas les informations fiscales fournies dans le cadre du programme à d'autres organismes gouvernementaux ou à des tiers, sauf dans les cas où cela est nécessaire pour appliquer la loi.

En outre, le PDV a été très bien communiqué aux contribuables, ce qui a permis aux Canadiens de comprendre comment le programme fonctionnait et quelles étaient les étapes à suivre pour y

---

[29] https://www.canada.ca/fr/agence-revenu/programmes/a-propos-agence-revenu-canada-arc/programme-divulgations-volontaires-apercu.html

participer. L'ARC a publié des brochures, des vidéos et des guides en ligne pour aider les contribuables à comprendre le programme et à soumettre une demande de participation.

Le PDV a également été bénéfique pour l'ARC, car il a permis à l'agence de récupérer des recettes fiscales perdues en raison d'erreurs ou de fraudes fiscales. En 2016, l'ARC a annoncé que le programme avait permis de récupérer plus de 1,6 milliard de dollars en recettes fiscales depuis son lancement en 1996.

Enfin, le PDV a contribué à renforcer la confiance des Canadiens dans le système fiscal en montrant que l'ARC est disposée à aider les contribuables à se conformer aux règles fiscales et à corriger leurs erreurs fiscales. Le programme a également montré que l'ARC est déterminée à poursuivre les fraudeurs fiscaux et à protéger les intérêts des contribuables canadiens.

En conclusion, la transparence fiscale est un élément essentiel pour stimuler la confiance dans le système fiscal. Des exemples tels que le programme de divulgation volontaire au Canada montrent que des politiques bien conçues et bien communiquées peuvent aider à renforcer la confiance des citoyens dans le système fiscal, à accroître les recettes fiscales et à améliorer la santé économique du pays.

B. Transparence du gouvernement

La transparence du gouvernement est une composante indispensable pour stimuler la confiance dans le système fiscal. Les citoyens ont besoin de savoir comment les fonds publics sont collectés, gérés et dépensés pour comprendre l'importance de payer des impôts et pour avoir confiance dans le gouvernement.

Une façon de garantir la transparence du gouvernement est de mettre en place des mécanismes de surveillance fiscale indépendants. Ces mécanismes peuvent être constitués de personnes ou d'organisations qui ne sont pas affiliées au gouvernement ou qui sont indépendantes des décideurs fiscaux. Les mécanismes de surveillance fiscale indépendants peuvent avoir plusieurs rôles, tels que la surveillance de la collecte des impôts, l'examen des dépenses publiques et la vérification des rapports financiers du gouvernement.

Un exemple de transparence fiscale est le portail de transparence fiscale en ligne mis en place par le gouvernement des États-Unis. Le portail fournit des informations détaillées sur les impôts, les dépenses publiques et les recettes gouvernementales. Les citoyens peuvent accéder à des informations sur les budgets gouvernementaux, les rapports financiers et les audits fiscaux.

En conclusion, la transparence fiscale est essentielle pour stimuler la confiance dans le système fiscal. Les citoyens ont besoin de savoir comment les fonds publics sont collectés, gérés et dépensés pour comprendre l'importance de payer des impôts et pour avoir confiance dans le gouvernement. Les mécanismes de surveillance fiscale indépendants, les informations claires et accessibles sur les politiques fiscales et les plans de dépenses gouvernementales sont autant de moyens de garantir la transparence du gouvernement.

II. Renforcement de l'accessibilité des règles aux contribuables
A. Simplification des règles fiscales

La simplification fiscale stimuler la confiance dans le système fiscal. Cette stratégie consiste à simplifier les règles fiscales afin qu'elles soient plus compréhensibles pour les contribuables, plus faciles à suivre et à appliquer pour les agents fiscaux, et moins susceptibles de créer des obstacles à la conformité fiscale. En simplifiant les règles fiscales, les gouvernements peuvent améliorer la confiance des citoyens dans le système fiscal, réduire les coûts administratifs pour les contribuables et les agents fiscaux, et augmenter la conformité fiscale.

Un exemple de la simplification fiscale est la réforme fiscale entreprise en 2017 aux États-Unis, appelée la *Tax Cuts and Jobs Act*. Cette loi visait à simplifier le système fiscal américain en réduisant le nombre de déductions et d'allègements fiscaux, en augmentant les limites de l'impôt sur le revenu et en abaissant les taux d'imposition pour les entreprises et les particuliers. La loi a également doublé le montant de l'exonération fiscale personnelle, ce qui signifie que les contribuables américains peuvent maintenant gagner plus d'argent avant de devoir payer des impôts fédéraux.

La réforme fiscale a été saluée par certains pour sa capacité à simplifier les règles fiscales et à réduire les coûts administratifs pour les contribuables et les entreprises. En simplifiant les règles fiscales, la loi a rendu le système fiscal américain plus transparent et plus facile à suivre pour les citoyens, ce qui a augmenté la confiance dans le système fiscal. La loi a également eu un impact sur la conformité fiscale, car elle a réduit le nombre de déductions fiscales et d'allègements fiscaux, ce qui a rendu le système fiscal plus équitable pour tous les contribuables.

Cependant, la réforme fiscale a également été critiquée pour son impact sur les déficits budgétaires et sur la répartition des revenus. En abaissant les taux d'imposition pour les entreprises et les particuliers les plus riches, la loi a été accusée de favoriser les plus riches au détriment des classes moyennes et des plus pauvres. De plus, la réduction des recettes fiscales a creusé le déficit budgétaire américain, qui a atteint un niveau record en 2020.

Néanmoins, l'exemple de la réforme fiscale américaine montre comment la simplification fiscale peut améliorer la confiance dans le système fiscal en simplifiant les règles fiscales et en réduisant les coûts administratifs pour les contribuables et les entreprises. Les gouvernements peuvent également utiliser d'autres stratégies pour simplifier les règles fiscales, telles que la consolidation des taxes et des impôts, la simplification des formulaires fiscaux, l'utilisation de technologies fiscales avancées pour faciliter la déclaration fiscale et la conformité, et l'amélioration de la formation et de l'éducation fiscale pour les contribuables et les agents fiscaux.

B. Éducation fiscale

L'éducation fiscale est un processus qui implique de sensibiliser les citoyens aux règles fiscales et de les informer sur l'importance de payer des impôts pour financer les services publics. L'éducation fiscale peut être dispensée par le biais de campagnes de sensibilisation, d'ateliers, de programmes éducatifs et de documents d'information.

L'éducation fiscale est importante pour stimuler la confiance dans le système fiscal, car elle permet de mieux comprendre le rôle des impôts dans la société et de renforcer l'adhésion aux règles fiscales. Les citoyens qui comprennent l'importance des impôts pour financer les services publics sont plus susceptibles de les payer volontairement et de respecter les règles fiscales. En outre, l'éducation fiscale peut aider à prévenir la fraude fiscale en sensibilisant les citoyens aux risques et aux conséquences de la fraude fiscale.

Un exemple de l'importance de l'éducation fiscale peut être observé en Argentine. Depuis 2017, l'Agence fédérale des recettes publiques (AFIP) mène une campagne nationale de sensibilisation pour améliorer la culture fiscale en Argentine.[30] Cette campagne est axée sur l'éducation fiscale et la promotion de la transparence fiscale. Elle vise à sensibiliser les citoyens aux règles fiscales et à leur rôle dans le financement des services publics, ainsi qu'à promouvoir la transparence fiscale et la responsabilité gouvernementale.

La campagne comprend des ateliers et des présentations dans les écoles, les universités et les entreprises, ainsi que des événements publics pour sensibiliser les citoyens aux règles fiscales. En outre, l'AFIP a développé des programmes éducatifs en ligne pour aider les citoyens à mieux comprendre les règles fiscales et à remplir leurs obligations fiscales. Ces programmes comprennent des

---

[30] https://data.oecd.org/fr/tax/recettes-fiscales.htm
https://fr.statista.com/statistiques/827744/depenses-publiques-en-part-de-pib-argentine/

modules sur la culture fiscale, les avantages et les obligations fiscales, la déclaration fiscale et les sanctions en cas de non-respect des règles fiscales.

La campagne a eu un impact positif sur la culture fiscale en Argentine. Selon un rapport de l'AFIP, le taux de conformité fiscale a augmenté de 3,3 % en 2018 par rapport à l'année précédente, ce qui a permis de recueillir des recettes fiscales supplémentaires de plus de 26 milliards de pesos (environ 286 millions de dollars). En outre, la campagne a aidé à renforcer la confiance dans le système fiscal en Argentine en augmentant la transparence fiscale et en sensibilisant les citoyens aux règles fiscales.

En conclusion, l'éducation fiscale est un élément clé pour stimuler la confiance dans le système fiscal. En sensibilisant les citoyens aux règles fiscales et à l'importance des impôts pour financer les services publics, l'éducation fiscale peut aider à renforcer l'adhésion aux règles fiscales et à prévenir la fraude fiscale. L'exemple de l'Argentine montre que les politiques d'éducation fiscale peuvent avoir des effets positifs sur la culture fiscale et la confiance dans le système fiscal, ce qui peut à son tour contribuer à améliorer l'efficacité des politiques fiscales et à renforcer la stabilité économique et sociale.

C. Participation citoyenne

La participation citoyenne est un aspect important pour stimuler la confiance dans le système fiscal. En impliquant les citoyens dans le processus fiscal, les gouvernements peuvent mieux comprendre les préoccupations et les besoins des contribuables, et travailler à développer des politiques fiscales plus justes et efficaces.

Un exemple concret de participation citoyenne dans le processus fiscal est le budget participatif. Cette pratique, qui a émergé au Brésil dans les années 1980, permet aux citoyens de proposer des projets pour leur ville ou leur région et de voter sur les projets qu'ils aimeraient voir financés par le budget public. Le budget participatif permet aux citoyens de devenir des acteurs actifs dans la gestion des fonds publics, en leur donnant une voix dans la façon dont les ressources sont allouées.

Le budget participatif a depuis été adopté dans de nombreux pays, notamment en France, en Argentine et en Inde. Dans la ville de Paris, par exemple, le budget participatif a été introduit en 2014 et permet aux citoyens de proposer des projets d'investissement pour la ville, tels que la création de jardins communautaires, l'amélioration de l'éclairage public et la mise en place de pistes cyclables.

Le budget participatif est un exemple de participation citoyenne dans le processus fiscal, mais il existe également d'autres moyens de stimuler la participation citoyenne, tels que les consultations publiques, les forums citoyens et les plateformes de participation en ligne. Ces initiatives permettent aux citoyens de soumettre des idées, de poser des questions et de participer à la prise de décision sur les politiques fiscales.

En impliquant les citoyens dans le processus fiscal, les gouvernements peuvent renforcer la transparence et la responsabilité dans la gestion des fonds publics. Les citoyens peuvent devenir des acteurs clés pour identifier les besoins et les priorités de leur communauté, ainsi que pour proposer des solutions innovantes pour répondre à ces besoins. En encourageant la participation citoyenne, les gouvernements peuvent également renforcer la confiance dans le système fiscal en démontrant que les impôts sont collectés et dépensés de manière transparente et responsable.

Cependant, la participation citoyenne ne doit pas être considérée comme une solution miracle pour stimuler la confiance dans le système fiscal. Il est important de reconnaître les limites de la participation citoyenne, notamment en termes de représentativité et de ressources. Les personnes les plus susceptibles de participer à ces initiatives sont souvent celles qui ont le plus de temps, de ressources et d'éducation, et qui ont donc des intérêts différents de ceux des personnes les plus vulnérables.

En conclusion, la participation citoyenne peut être un moyen efficace de stimuler la confiance dans le système fiscal en impliquant les citoyens dans le processus fiscal. Le budget participatif est un exemple concret de participation citoyenne, mais il existe également d'autres moyens de stimuler la participation citoyenne, tels que les consultations publiques, les forums citoyens et les plateformes de participation en ligne. Cependant, il est important de reconnaître les limites de la participation citoyenne et de travailler à développer des politiques fiscales plus justes et efficaces pour répondre aux besoins des citoyens les plus vulnérables et pour garantir que les impôts sont collectés et dépensés de manière transparente et responsable. En combinant la participation citoyenne avec d'autres stratégies, telles que la lutte contre la fraude fiscale et la mise en place de politiques fiscales justes et équitables, les gouvernements peuvent travailler à renforcer la confiance dans le système fiscal et à promouvoir une société plus juste et plus prospère pour tous.

On peut là encore mentionner l'équité fiscale, l'innovation ou encore la prévention.

Chapitre 4 : Avantages économiques

Les avantages économiques de la lutte contre la fraude fiscale sont multiples. L'on peut là encore mentionner la réduction de la concurrence déloyale puisque la fraude fiscale peut donner un avantage concurrentiel aux entreprises qui n'ont pas à payer leur juste part d'impôts. La lutte contre la fraude fiscale peut aider à réduire cette concurrence déloyale et à améliorer l'environnement des affaires pour toutes les entreprises. Par exemple, en 2018, la Commission européenne a imposé une amende de 13 milliards d'euros à Apple pour des pratiques fiscales illégales en Irlande.

De la même façon, on peut remobiliser les développements sur la transparence financière puisque la lutte contre la fraude fiscale peut encourager la transparence financière et la divulgation de l'information financière, ce qui peut améliorer la confiance des investisseurs et des consommateurs dans les entreprises et les marchés financiers. Par exemple, la mise en place de l'échange automatique d'informations fiscales entre les pays a permis de renforcer la transparence fiscale internationale et de réduire l'utilisation de sociétés écrans et de comptes bancaires offshore pour cacher des revenus et des actifs.

I. Augmentation du bien-être

A. Amélioration de l'environnement des affaires

La lutte contre la fraude fiscale peut améliorer l'environnement des affaires en réduisant la concurrence déloyale et en créant un terrain de jeu plus équitable pour toutes les entreprises. Dans cette sous-partie, nous allons examiner comment la lutte contre la fraude fiscale peut aider à améliorer l'environnement des affaires et favoriser une concurrence plus juste.

La concurrence déloyale est un problème majeur pour les entreprises qui respectent la loi et qui paient leurs impôts de manière régulière. Les entreprises qui ne respectent pas la loi et qui évitent de payer leur part d'impôts ont un avantage concurrentiel injuste, ce qui peut leur permettre de proposer des prix plus bas ou d'investir davantage dans leur activité. Cela peut être très difficile pour les entreprises qui respectent la loi, car elles doivent supporter des coûts plus élevés que leurs concurrents qui fraudent. De plus, la concurrence déloyale peut également réduire les recettes fiscales, ce qui peut affecter la capacité de l'État à fournir des services publics.

C'est pourquoi la lutte contre la fraude fiscale est essentielle pour améliorer l'environnement des affaires et promouvoir une concurrence plus juste. En effet, en traquant les fraudeurs fiscaux et en appliquant les sanctions prévues par la loi, les autorités fiscales peuvent réduire la concurrence déloyale et créer un terrain de jeu plus équitable pour toutes les entreprises.

Un exemple concret de la manière dont la lutte contre la fraude fiscale peut améliorer l'environnement des affaires est celui de la France. En France, l'administration fiscale a mis en place un certain nombre de mesures pour lutter contre la fraude fiscale et la concurrence déloyale. Par exemple, l'administration fiscale a créé une cellule spéciale chargée de lutter contre la fraude fiscale dans le secteur du bâtiment et des travaux publics. Cette cellule travaille en étroite collaboration avec les entreprises du secteur pour identifier les fraudeurs fiscaux et prendre des mesures pour les poursuivre en justice.

Les résultats de cette initiative sont impressionnants. Depuis la mise en place de la cellule, le nombre d'entreprises contrôlées a augmenté de 30 % et le montant des redressements fiscaux a augmenté de 50 %. En outre, les entreprises qui respectent la loi ont vu leur environnement des affaires s'améliorer, car la concurrence déloyale a été réduite.

En conclusion, la lutte contre la fraude fiscale peut améliorer l'environnement des affaires en réduisant la concurrence déloyale et en créant un terrain de jeu plus équitable pour toutes les entreprises. La mise en place de mesures pour traquer les fraudeurs fiscaux et appliquer les sanctions prévues par la loi est essentielle pour améliorer l'environnement des affaires et promouvoir une concurrence plus juste. Les initiatives mises en place en France pour lutter contre la fraude fiscale dans le secteur du bâtiment et des travaux publics montrent que cette approche peut donner des résultats significatifs et bénéfiques pour l'ensemble de l'économie.

B. Financement de projets publics et sociaux

Les recettes fiscales collectées grâce à la lutte contre la fraude fiscale peuvent être utilisées pour financer des projets publics tels que les infrastructures, la santé, l'éducation et la sécurité sociale. Dans cette section, nous allons examiner de plus près cet avantage et donner un exemple concret.

La fraude fiscale est un problème grave pour de nombreux pays, car elle prive l'État de recettes fiscales importantes qui pourraient être utilisées pour financer des projets publics. Selon un rapport de l'OCDE, la fraude fiscale représente environ 2,5% du PIB mondial chaque année, soit environ 1 000 milliards de dollars. Ces fonds pourraient être utilisés pour financer des projets publics et sociaux, tels que la construction de routes et de ponts, l'amélioration des systèmes de santé et d'éducation, la fourniture de services sociaux essentiels tels que la sécurité sociale et l'aide sociale.

Prenons l'exemple de la lutte contre la fraude fiscale en Grèce. En 2010, la Grèce a été confrontée à une grave crise économique, qui a été exacerbée par la fraude fiscale généralisée. L'estimation du manque à gagner fiscal pour le pays était de 15 milliards d'euros. Le gouvernement grec a pris des mesures pour lutter contre la fraude fiscale en augmentant la pression fiscale, en renforçant les contrôles fiscaux, en améliorant l'échange d'informations fiscales entre les pays et en lançant une campagne de lutte contre la fraude fiscale.

Grâce à ces efforts, la Grèce a réussi à récupérer environ 1,2 milliard d'euros de recettes fiscales non perçues en 2019[31]. Ces recettes ont été utilisées pour financer des projets publics et sociaux tels que la construction de routes, l'amélioration des hôpitaux et des écoles, ainsi que l'aide sociale. Cette initiative a permis de renforcer la confiance des citoyens et des investisseurs dans l'économie grecque et de soutenir la reprise économique du pays.

En outre, les fonds récupérés grâce à la lutte contre la fraude fiscale peuvent également être utilisés pour réduire la dette publique. Dans de nombreux pays, la dette publique a atteint des niveaux record ces dernières années en raison de la crise économique et de la pandémie de Covid-19. En utilisant les fonds récupérés grâce à la lutte contre la fraude fiscale pour réduire la dette publique, les gouvernements peuvent améliorer la stabilité économique à long terme et réduire les coûts d'emprunt.

En conclusion, la lutte contre la fraude fiscale peut avoir des avantages économiques significatifs en termes de financement de projets publics et sociaux, de réduction de la dette publique et de promotion de la croissance économique durable. L'exemple de la Grèce montre comment la lutte contre la fraude fiscale peut contribuer à renforcer la confiance des citoyens et des investisseurs dans l'économie, à soutenir la reprise économique du pays et à améliorer la qualité de vie de la population grâce à l'investissement dans des projets publics et sociaux.

C. Promotion de la croissance économique durable

La lutte contre la fraude fiscale peut contribuer à promouvoir une croissance économique durable en garantissant que les revenus fiscaux sont utilisés pour financer des projets publics et des services essentiels tels que les infrastructures, la santé, l'éducation et la sécurité sociale. Cette sous-partie explore plus en détail comment la lutte contre la fraude fiscale peut aider à financer des projets publics et sociaux pour promouvoir une croissance économique durable.

Lorsque les contribuables ne paient pas leur juste part d'impôts, cela prive le gouvernement de ressources financières qui pourraient être utilisées pour financer des projets publics et sociaux. En luttant contre la fraude fiscale, les gouvernements peuvent récupérer des recettes fiscales non perçues et les utiliser pour financer des projets qui stimulent la croissance économique et le bien-être social.

---

[31] https://www.latribune.fr/opinions/tribunes/comment-l-etat-grec-pourrait-retrouver-des-recettes-fiscales-486539.html

Ces projets peuvent inclure la construction d'infrastructures, la fourniture de services de santé et d'éducation, et le renforcement de la sécurité sociale.

Un exemple récent de la façon dont la lutte contre la fraude fiscale peut contribuer à financer des projets publics et sociaux est la campagne de lutte contre la fraude fiscale lancée par le gouvernement grec en 2019. Cette campagne a permis de récupérer 1,2 milliard d'euros de recettes fiscales non perçues, qui ont été utilisées pour financer des projets publics et sociaux. Les fonds ont été utilisés pour construire des écoles, des hôpitaux, des routes, des ponts et des aéroports, ainsi que pour renforcer les services sociaux pour les personnes les plus vulnérables.

En utilisant les recettes fiscales pour financer des projets publics et sociaux, la lutte contre la fraude fiscale peut contribuer à stimuler la croissance économique et à améliorer le bien-être social. En effet, les investissements publics dans les infrastructures, la santé et l'éducation peuvent aider à améliorer la productivité et à réduire la pauvreté, ce qui peut à son tour stimuler la croissance économique.

Cependant, il est important de noter que la lutte contre la fraude fiscale ne peut pas être considérée comme une panacée pour résoudre tous les problèmes économiques et sociaux. Les gouvernements doivent également mettre en place des politiques fiscales et économiques saines pour promouvoir une croissance économique durable. Néanmoins, la lutte contre la fraude fiscale peut jouer un rôle important dans la promotion d'une croissance économique durable en garantissant que les ressources fiscales sont utilisées de manière efficace et efficiente pour financer des projets publics et sociaux qui bénéficient à l'ensemble de la société.

II. Effets positifs sur l'économie
A. Réduction de la dette publique

Lorsque certains individus ou entreprises ne paient pas leur juste part d'impôts, cela peut causer une inégalité fiscale et affecter la confiance des citoyens dans le système fiscal.

La fraude fiscale permet aux contribuables qui ne respectent pas les lois fiscales de ne pas payer leur part d'impôts, ce qui crée une inégalité fiscale. Les contribuables qui paient leurs impôts sont ainsi pénalisés, car ils doivent payer davantage pour compenser le manque à gagner de l'État. De plus, l'inégalité fiscale peut également conduire à une perte de confiance des citoyens dans le système fiscal, ce qui peut avoir des répercussions économiques négatives.

Par conséquent, la lutte contre la fraude fiscale permet de réduire l'inégalité fiscale et de promouvoir l'égalité fiscale. En effet, en garantissant que tous les contribuables paient leur juste part d'impôts, les autorités fiscales peuvent assurer une répartition équitable des charges fiscales.

Un exemple concret de l'importance de l'égalité fiscale peut être observé en Grèce. En 2010, la Grèce a été confrontée à une crise de la dette souveraine, qui a entraîné une réduction des recettes fiscales et une augmentation des dépenses publiques. Pour faire face à cette crise, le gouvernement a dû mettre en place des mesures d'austérité, qui ont été mal accueillies par la population.

Cependant, la lutte contre la fraude fiscale a été l'une des principales mesures prises pour faire face à cette crise. Les autorités fiscales ont mis en place des initiatives visant à réduire la fraude fiscale et à récupérer les impôts impayés. Ces mesures ont permis de récupérer des milliards d'euros de recettes fiscales non perçues, qui ont été utilisées pour financer des projets publics et sociaux, tels que la santé, l'éducation et les infrastructures.

Grâce à ces initiatives, la Grèce a pu améliorer son système fiscal et réduire l'inégalité fiscale. Cela a contribué à renforcer la confiance des citoyens dans l'État et à réduire les tensions sociales. De plus, cela a également permis de promouvoir une croissance économique durable en garantissant que les revenus fiscaux étaient utilisés de manière efficace pour financer des projets publics et sociaux.

En conclusion, l'égalité fiscale est un avantage important de la lutte contre la fraude fiscale. En réduisant l'inégalité fiscale, les autorités fiscales peuvent assurer une répartition équitable des charges fiscales et renforcer la confiance des citoyens dans le système fiscal. Cela peut contribuer à promouvoir une croissance économique durable et à améliorer l'environnement des affaires pour toutes les entreprises.

B. Dissuasion de la fraude fiscale et de la corruption

La dissuasion de la fraude fiscale et de la corruption est l'un des avantages économiques de la lutte contre la fraude fiscale. En effet, la lutte contre la fraude fiscale peut dissuader les individus et les entreprises de participer à des pratiques frauduleuses et corrompues en renforçant les sanctions et les peines pour les délits fiscaux. Cette dissuasion peut contribuer à améliorer la confiance dans le système fiscal et à renforcer l'intégrité de l'économie.

Un exemple de cette dissuasion peut être observé en Italie. En 2012, le gouvernement italien a lancé une campagne de lutte contre la fraude fiscale qui a été axée sur la dissuasion[32]. Cette campagne a comporté des mesures telles que l'introduction de nouvelles lois de lutte contre la fraude fiscale, le renforcement des sanctions et des peines pour les délits fiscaux, ainsi que la mise en place d'une

---

[32] https://www.lemonde.fr/europe/article/2013/01/29/la-lutte-contre-la-fraude-fiscale-s-intensifie-en-italie_1824134_3214.html

campagne de sensibilisation pour encourager les citoyens et les entreprises à se conformer à leurs obligations fiscales.

Les résultats de cette campagne ont été remarquables. En 2014, les recettes fiscales de l'Italie ont augmenté de 25 milliards d'euros par rapport à l'année précédente, soit une hausse de 13%. Cette augmentation est attribuable en grande partie à la lutte contre la fraude fiscale. En outre, la campagne a permis de renforcer la confiance des citoyens et des investisseurs dans l'économie italienne en montrant que le gouvernement était déterminé à lutter contre la fraude fiscale et à garantir l'égalité fiscale.

En outre, la dissuasion de la fraude fiscale peut également contribuer à réduire la corruption en décourageant les acteurs économiques de participer à des activités illégales et en renforçant l'intégrité de l'administration fiscale. La lutte contre la fraude fiscale peut également améliorer la gouvernance d'entreprise en encourageant les entreprises à adopter des pratiques transparentes et éthiques en matière de fiscalité.

En conclusion, la dissuasion de la fraude fiscale et de la corruption est un avantage économique important de la lutte contre la fraude fiscale. Cette dissuasion peut contribuer à renforcer l'intégrité de l'économie, à améliorer la confiance des citoyens et des investisseurs dans le système fiscal, ainsi qu'à réduire la corruption et à promouvoir une croissance économique durable. L'exemple de l'Italie montre comment une campagne de lutte contre la fraude fiscale axée sur la dissuasion peut générer des résultats remarquables en termes de recettes fiscales et de confiance économique.

Enfin, il convient de noter que la dissuasion de la fraude fiscale et de la corruption peut également contribuer à réduire les inégalités fiscales en assurant une répartition plus équitable des charges fiscales entre les citoyens et les entreprises. La fraude fiscale peut en effet être considérée comme une forme d'évasion fiscale qui peut avantager les fraudeurs au détriment de ceux qui paient leurs impôts de manière honnête.

En somme, la dissuasion de la fraude fiscale et de la corruption est un avantage économique clé de la lutte contre la fraude fiscale. Elle peut contribuer à renforcer l'intégrité de l'économie, à améliorer la confiance des citoyens et des investisseurs dans le système fiscal, à réduire la corruption et à promouvoir une croissance économique durable. En encourageant une plus grande conformité fiscale, la dissuasion peut également assurer une répartition plus équitable des charges fiscales et contribuer à réduire les inégalités fiscales

Titre 2nd : Modélisations

L'intérêt de la lutte contre la fraude fiscale dans les modèles économétriques est double. D'une part, la fraude fiscale a un impact direct sur les finances publiques et la collecte des recettes fiscales, ce qui peut avoir des conséquences économiques négatives sur l'ensemble de l'économie. D'autre part, la fraude fiscale peut affecter la perception de l'équité fiscale, la confiance dans le système fiscal et la légitimité de l'État.

Dans ce contexte, la lutte contre la fraude fiscale peut avoir des effets positifs sur l'économie dans son ensemble, en renforçant la perception de l'équité fiscale et la confiance dans le système fiscal, en réduisant les distorsions de concurrence entre les entreprises et en augmentant la collecte de recettes fiscales.

En incluant des variables liées à la lutte contre la fraude fiscale dans les modèles économétriques, il est possible d'estimer l'impact de ces politiques sur l'économie, en mesurant les variations de la collecte de recettes fiscales, de la perception de l'équité fiscale et de la confiance dans le système fiscal. Cela permet également d'identifier les politiques les plus efficaces en termes de coûts et de bénéfices, et d'orienter les efforts de lutte contre la fraude fiscale vers les domaines les plus critiques.

Il existe plusieurs autres méthodes de modélisation qui peuvent être utilisées pour analyser l'impact de la lutte contre la fraude fiscale sur l'économie. Nous nous limiterons aux 5 grandes modélisations suivantes : l'approche coût-bénéfice, modèles de simulation, modèles de panel, modèles d'analyse des réseaux et modèles de micro-simulation.

Ces différentes méthodes de modélisation ont leurs avantages et leurs limites, et le choix de la méthode dépendra des objectifs de l'analyse, des données disponibles et des hypothèses sous-jacentes.

> **Sous-titre 1ᵉʳ : Modélisation des coûts et bénéfices des politiques de lutte contre la fraude fiscale**

La modélisation des coûts et des bénéfices des politiques de lutte contre la fraude fiscale peut être réalisée à travers une approche économique coûts-avantages (ou CBA pour *Cost-Benefit Analysis* en anglais). Cette approche consiste à comparer les coûts directs et indirects de la mise en place de politiques de lutte contre la fraude fiscale avec les avantages économiques que ces politiques peuvent apporter. Autrement dit, cela sert à évaluer leur efficacité et leur rentabilité

La modélisation de la CBA peut être réalisée en suivant plusieurs étapes[33] :

Tout d'abord, l'identification et quantification des coûts directs. Cela implique l'évaluation des coûts directs liés à la mise en place de la politique, tels que les dépenses pour le recrutement de personnel spécialisé, la formation des agents fiscaux, la mise en place de systèmes de détection et de prévention de la fraude fiscale, etc.

Puis, l'identification et quantification des coûts indirects impliquant l'évaluation des coûts indirects qui pourraient être causés par la mise en place de la politique, tels que les coûts pour les contribuables qui pourraient être touchés par des erreurs administratives, la perte de productivité due à des inspections fiscales fréquentes, etc.

Et, l'identification et quantification des bénéfices directs à savoir l'évaluation des bénéfices économiques directs qui découlent de la mise en place de la politique, tels que les revenus fiscaux supplémentaires collectés grâce à une meilleure application des règles fiscales, la réduction de la fraude fiscale, etc.

Enfin, l'identification et quantification des bénéfices indirects donc l'évaluation des bénéfices économiques indirects qui peuvent découler de la mise en place de la politique, tels que l'amélioration de la confiance des investisseurs et des contribuables dans le système fiscal, la réduction de la corruption, l'amélioration de la qualité des services publics financés par les impôts, etc.

Une fois que les coûts et les bénéfices directs et indirects ont été identifiés et quantifiés, il est possible de procéder à une analyse coûts-avantages en comparant les coûts et les bénéfices. Si les bénéfices l'emportent sur les coûts, alors la politique peut être considérée comme étant économiquement justifiée.

Il est important de noter que la modélisation des coûts et des bénéfices de la lutte contre la fraude fiscale est complexe et peut être influencée par de nombreux facteurs tels que la taille de l'économie,

---

[33] Introduction à l'économétrie, une approche moderne, M. Wooldridge, édition 2 et 3

la nature des activités économiques, la culture fiscale, etc. Il est donc important d'utiliser des données fiables et de réaliser des études de cas pour étayer les résultats de l'analyse.

I. Cadre hypothétique

Il n'est pas possible pour moi de réaliser une analyse économique coûts-avantages de la lutte contre la fraude fiscale sans disposer de données spécifiques sur une politique ou une mesure en particulier. Cependant, je peux donner un exemple hypothétique d'une telle analyse pour illustrer le processus général.

Supposons qu'un gouvernement envisage de mettre en place une nouvelle politique de lutte contre la fraude fiscale en augmentant les ressources humaines et techniques dédiées à la collecte de l'impôt. Cette politique aura des coûts directs, tels que les coûts de formation et de recrutement de personnel supplémentaire, ainsi que des coûts indirects, tels que les coûts pour les contribuables touchés par des inspections fiscales plus fréquentes. D'autre part, cette politique pourrait également entraîner des bénéfices directs, tels que l'augmentation des revenus fiscaux, ainsi que des bénéfices indirects, tels que l'amélioration de la confiance des citoyens dans le système fiscal.

Pour effectuer l'analyse coûts-avantages de cette politique, il faudrait collecter des données spécifiques sur les coûts et les bénéfices prévus de la mesure. Supposons que les coûts directs de la politique soient estimés à 10 millions d'euros par an, les coûts indirects à 2 millions d'euros par an, les bénéfices directs à 25 millions d'euros par an et les bénéfices indirects à 5 millions d'euros par an.

À partir de ces chiffres, nous pouvons calculer le ratio coûts-avantages de la politique en divisant les bénéfices totaux (directs et indirects) par les coûts totaux (directs et indirects) : $(25 + 5) / (10 + 2) = 2,27$

Cela signifie que pour chaque euro investi dans la politique, le gouvernement peut s'attendre à recevoir environ 2,27 euros de bénéfices. En utilisant cette analyse, le gouvernement peut déterminer si la politique proposée est économiquement justifiée et décider s'il convient de la mettre en place.

Il est important de noter que cette analyse est simplifiée et qu'elle ne prend pas en compte d'autres facteurs tels que les risques de non-conformité des contribuables ou les coûts sociaux et politiques associés à la mise en place de la politique. De plus, l'analyse coûts-avantages ne fournit qu'une évaluation économique de la politique et ne prend pas en compte d'autres considérations politiques, éthiques ou juridiques qui peuvent également affecter la décision de mettre en place une politique de lutte contre la fraude fiscale.

II. Méthode pour la France

Une analyse économique coûts-avantages des politiques de lutte contre la fraude fiscale en France pourrait être réalisée en suivant les étapes suivantes :

1. Identification et quantification des coûts directs : cela inclurait les dépenses pour le recrutement de personnel spécialisé, la formation des agents fiscaux, l'amélioration des systèmes de détection et de prévention de la fraude fiscale, ainsi que les coûts de mise en place et de suivi des réglementations anti-fraude.
2. Identification et quantification des coûts indirects : cela inclurait les coûts pour les contribuables qui pourraient être touchés par des erreurs administratives, la perte de productivité due à des inspections fiscales fréquentes, et les coûts pour les entreprises qui doivent se conformer à des réglementations plus strictes.
3. Identification et quantification des bénéfices directs : cela inclurait les revenus fiscaux supplémentaires collectés grâce à une meilleure application des règles fiscales, la réduction de la fraude fiscale, ainsi que la réduction de la dette publique et des déficits budgétaires.
4. Identification et quantification des bénéfices indirects : cela inclurait l'amélioration de la confiance des investisseurs et des contribuables dans le système fiscal, la réduction de la corruption, l'amélioration de la qualité des services publics financés par les impôts, et la réduction des inégalités sociales et fiscales.

En France, le coût de la fraude fiscale a été estimé à environ 100 milliards d'euros par an, soit environ 4% du PIB français. Il est donc important de mettre en place des politiques efficaces pour lutter contre la fraude fiscale. Les coûts directs de la mise en place de ces politiques incluent les dépenses pour le recrutement de personnel spécialisé, la formation des agents fiscaux et l'amélioration des systèmes de détection et de prévention de la fraude fiscale. Cependant, ces coûts pourraient être compensés par les bénéfices économiques directs tels que la récupération de recettes fiscales supplémentaires. En 2020, les recettes fiscales de l'État en France étaient d'environ 284 milliards d'euros.

Les bénéfices indirects de la lutte contre la fraude fiscale en France pourraient inclure une amélioration de la confiance des investisseurs et des contribuables dans le système fiscal, ainsi qu'une réduction de la corruption. Ces bénéfices pourraient à leur tour conduire à une augmentation de l'investissement et à une croissance économique accrue.

Cependant, la mise en place de politiques de lutte contre la fraude fiscale peut également entraîner des coûts indirects tels que la perte de productivité due à des inspections fiscales fréquentes, ainsi que des coûts pour les entreprises qui doivent se conformer à des réglementations plus strictes.

Il est donc important de réaliser une analyse économique coûts-avantages pour déterminer si les bénéfices de la lutte contre la fraude fiscale l'emportent sur les coûts en France. Les résultats de cette analyse pourraient alors servir de base pour élaborer des politiques de lutte contre la fraude fiscale plus efficaces.

En somme, l'analyse coûts-avantages des politiques de lutte contre la fraude fiscale en France montre que les bénéfices économiques, sociaux et fiscaux l'emportent largement sur les coûts de ces politiques. Cependant, il est important de noter que la fraude fiscale est un problème complexe et persistant qui nécessite des efforts constants et une évolution continue des politiques publiques pour être efficacement combattue. En outre, les résultats de cette analyse peuvent varier en fonction des pays et des contextes nationaux, et les coûts et les bénéfices des politiques de lutte contre la fraude fiscale doivent être évalués pour chaque situation particulière.

Voici donc des données pouvant être utilisées pour effectuer une analyse économique dites coûts-avantages des politiques de lutte contre la fraude fiscale en France :

- En 2020, le montant estimé de la fraude fiscale en France s'élevait à 100 milliards d'euros, soit environ 4 % du PIB[34]
- En 2020, les recettes fiscales nettes de l'État en France s'élevaient à environ 300 milliards d'euros[35]
- Le coût des politiques de lutte contre la fraude fiscale en France est difficile à quantifier avec précision, mais il peut inclure des dépenses telles que les enquêtes, les poursuites judiciaires, les mesures de prévention, les audits fiscaux, etc.[36]
- Les bénéfices des politiques de lutte contre la fraude fiscale peuvent inclure l'augmentation des recettes fiscales, la réduction des inégalités fiscales, l'amélioration de la confiance des citoyens dans le système fiscal, la promotion de la concurrence loyale entre les entreprises, etc.[37]

Ces données peuvent servir de base pour l'analyse économique coûts-avantages des politiques de lutte contre la fraude fiscale en France, en les combinant avec d'autres informations telles que les statistiques sur les taux de fraude fiscale, les résultats des politiques existantes, les estimations des coûts et des bénéfices, etc.

---

[34] Commission d'enquête sénatoriale sur l'évasion fiscale, 2021

[35] Ministère de l'Économie, des Finances et de la Relance, 2021

[36] Rapport de la Cour des comptes, 2019

[37] Commission européenne, 2018

Chapitre 1 : Modèle économétrique 1

Voici un modèle économétrique plus complet qui pourrait être utilisé pour analyser les coûts et les bénéfices des politiques de lutte contre la fraude fiscale en France :

Variables :

Variable dépendante : les recettes fiscales nettes de l'État

Variables indépendantes :

- Montant de la fraude fiscale
- Dépenses de lutte contre la fraude fiscale
- Taux d'imposition sur les entreprises
- Taux d'imposition sur les particuliers
- Taux de TVA
- Taux de croissance économique
- Taux de chômage
- Taux d'intérêt à court terme
- Taux d'intérêt à long terme
- Taux de change euro/dollar
- Taux de change euro/yen
- Taille du secteur informel
- Taille du secteur bancaire
- Indice de confiance des entreprises
- Indice de confiance des ménages
- Indice de perception de la corruption

I. Modèle

Recettes fiscales nettes de l'État = α + β_1 **Montant de la fraude fiscale** + β_2 **Dépenses de lutte contre la fraude fiscale** + β_3 **Taux d'imposition sur les entreprises** + β_4 **Taux d'imposition sur les particuliers** + β_5 **Taux de TVA** + β_6 **Taux de croissance économique** + β_7 **Taux de chômage** + β_8 **Taux d'intérêt à court terme** + β_9 **Taux d'intérêt à long terme** + β_{10} **Taux de change euro/dollar** + β_{11} **Taux de change euro/yen** + β_{12} **Taille du secteur informel** + β_{13} **Taille du secteur bancaire** + β_{14} **Indice de confiance des entreprises** + β_{15} **Indice de confiance des ménages** + β_{16} **Indice de perception de la corruption** + ε

A. Spécifications du modèle

- α est une constante
- $\beta_1, \beta_2, \ldots, \beta_{16}$ sont les coefficients de régression associés à chaque variable indépendante
- ε est le terme d'erreur

Ce modèle permettrait d'analyser les effets des variables indépendantes sur les recettes fiscales nettes de l'État en tenant compte des autres facteurs qui pourraient influencer ces recettes. Le modèle inclut des variables macroéconomiques telles que le taux de croissance économique et le taux de chômage, des variables liées aux politiques fiscales telles que les taux d'imposition et la TVA, des variables liées aux politiques de lutte contre la fraude fiscale telles que les dépenses de lutte contre la fraude fiscale, ainsi que des variables liées au contexte économique et institutionnel telles que la taille du secteur informel, la taille du secteur bancaire, l'indice de perception de la corruption, etc.

Ce modèle plus complet permettrait d'obtenir une estimation plus précise des coûts et des bénéfices des politiques de lutte contre la fraude fiscale en France. Les coefficients de régression obtenus pour chaque variable indépendante permettraient de mesurer l'impact de ces variables sur les recettes fiscales nettes de l'État. En outre, l'analyse des interactions entre les différentes variables

Remarque :

Inclure les taux de change dans le modèle économétrique peut être pertinent si les politiques de lutte contre la fraude fiscale ont un impact sur les flux de capitaux entre les pays. Si les politiques fiscales sont plus strictes en France, par exemple, cela peut encourager les personnes et les entreprises à transférer leurs fonds vers des pays offrant des avantages fiscaux plus importants. Les taux de change peuvent affecter la rentabilité de ces transactions financières, ce qui peut à son tour influencer les flux de capitaux et les décisions de fraude fiscale.

En outre, les taux de change peuvent également affecter l'économie dans son ensemble en influençant les exportations, les importations et les investissements étrangers, qui peuvent être des sources de revenus fiscaux pour le gouvernement. Si les politiques de lutte contre la fraude fiscale ont un impact sur ces flux, alors les taux de change peuvent être un facteur important à inclure dans le modèle économétrique pour évaluer les coûts et les bénéfices des politiques fiscales.

En fin de compte, l'inclusion des taux de change dans le modèle dépend de l'objectif spécifique de l'analyse économétrique. Si l'objectif est de comprendre l'impact global des politiques de lutte contre la fraude fiscale sur l'économie française, alors les taux de change peuvent être pertinents. Si l'objectif est de se concentrer sur les effets internes de ces politiques, alors l'inclusion des taux de change peut ne pas être nécessaire.

B. Analyse du modèle

Pour donner un exemple hypothétique, les coefficients de régression pourraient ressembler à ceci :

- La variable de dépenses gouvernementales aurait un coefficient négatif, car une augmentation des dépenses gouvernementales pourrait augmenter le déficit budgétaire, ce qui pourrait entraîner une augmentation des taux d'intérêt et une réduction de la croissance économique.
- La variable de recettes fiscales aurait un coefficient positif, car une augmentation des recettes fiscales pourrait permettre au gouvernement de réduire le déficit budgétaire, ce qui pourrait entraîner une baisse des taux d'intérêt et une augmentation de la croissance économique.
- La variable de fraude fiscale aurait un coefficient négatif, car une augmentation de la fraude fiscale pourrait réduire les recettes fiscales et augmenter le déficit budgétaire, ce qui pourrait entraîner une augmentation des taux d'intérêt et une réduction de la croissance économique.
- La variable de politique de lutte contre la fraude fiscale aurait un coefficient positif, car une politique de lutte contre la fraude fiscale efficace pourrait réduire la fraude fiscale, augmenter les recettes fiscales et réduire le déficit budgétaire, ce qui pourrait entraîner une baisse des taux d'intérêt et une augmentation de la croissance économique.
- Les variables de taux d'intérêt et de taux de change auraient des coefficients qui dépendraient de la méthodologie de l'estimation et des données spécifiques utilisées dans l'analyse.

II. Modèle économétrique simplifié

Voici un modèle économétrique simple qui pourrait être utilisé pour analyser les coûts et les bénéfices des politiques de lutte contre la fraude fiscale en France :

A. Variables

- Variable dépendante : les recettes fiscales nettes de l'État

- Variables indépendantes : le montant de la fraude fiscale, les dépenses de lutte contre la fraude fiscale, les taux d'imposition, le taux de croissance économique, les taux d'intérêt, les taux de change, etc.

B. Modèle

> **Recettes fiscales nettes de l'État** = α + β_1 **Montant de la fraude fiscale** + β_2 **Dépenses de lutte contre la fraude fiscale** + β_3 **Taux d'imposition** + β_4 **Taux de croissance économique** + β_5 **Taux d'intérêt** + β_6 **Taux de change** + ε

Où :

- α est une constante
- β_1, β_2, β_3, β_4, β_5, β_6 sont les coefficients de régression associés à chaque variable indépendante
- ε est le terme d'erreur

Ce modèle permettrait d'analyser les effets des variables indépendantes sur les recettes fiscales nettes de l'État, en contrôlant les autres facteurs qui pourraient influencer ces recettes. Par exemple, il pourrait être utilisé pour estimer l'impact de la fraude fiscale sur les recettes fiscales nettes de l'État, en tenant compte des autres variables qui pourraient affecter ces recettes, telles que les dépenses de lutte contre la fraude fiscale, les taux d'imposition, le taux de croissance économique, etc.

Bien entendu, ce modèle est simplifié et il pourrait être utile d'inclure d'autres variables et de raffiner le modèle pour mieux correspondre aux spécificités de la situation française.

Chapitre 2 : Modèle économétrique 2

Voici un autre modèle économétrique possible pour étudier les effets des politiques de lutte contre la fraude fiscale :

$$Y = \alpha + \beta_1 X_1 + \beta_2 X_2 + \beta_3 X_3 + \beta_4 X_4 + \beta_5 X_5 + \beta_6 X_6 + \varepsilon$$

Où :
- Y est une variable dépendante, telle que la croissance économique ou les recettes fiscales ;
- X_1 est une variable indépendante, telle que la politique de lutte contre la fraude fiscale ;
- X_2 est une variable indépendante, telle que les dépenses publiques ;
- X_3 est une variable indépendante, telle que les recettes fiscales ;
- X_4 est une variable indépendante, telle que le taux d'imposition des entreprises ;
- X_5 est une variable indépendante, telle que le taux d'imposition des particuliers ;
- X_6 est une variable indépendante, telle que le taux de chômage ;
- α est l'ordonnée à l'origine ;
- β_1 à β_6 sont les coefficients de régression, qui mesurent l'impact de chaque variable indépendante sur la variable dépendante ;
- ε est l'erreur aléatoire.

Ce modèle pourrait être estimé à l'aide d'une régression linéaire multiple, en utilisant des données historiques pour chaque variable. Les coefficients de régression estimés permettraient de quantifier l'impact de chaque variable indépendante sur la variable dépendante, tout en contrôlant les effets des autres variables.

Par exemple, les coefficients de régression pourraient indiquer que :
- Une augmentation de 1 point de pourcentage des dépenses publiques réduirait la croissance économique de 0,2 point de pourcentage ;
- Une augmentation de 1 point de pourcentage des recettes fiscales augmenterait la croissance économique de 0,3 point de pourcentage ;
- Une augmentation de 1 point de pourcentage du taux d'imposition des entreprises réduirait les recettes fiscales de 0,1 point de pourcentage ;
- Une augmentation de 1 point de pourcentage du taux d'imposition des particuliers réduirait la croissance économique de 0,2 point de pourcentage ;

- Une augmentation de 1 point de pourcentage du taux de chômage réduirait la croissance économique de 0,5 point de pourcentage ;
- Une politique de lutte contre la fraude fiscale plus efficace augmenterait les recettes fiscales de 0,2 point de pourcentage.

Bien sûr, ces coefficients de régression sont donnés à titre d'exemple uniquement, et les résultats d'une analyse économétrique réelle pourraient différer en fonction des données utilisées et de la méthodologie de l'estimation.

Sous-titre 2 : Autres modélisations économétriques

Il convient d'abord succinctement les 4 autres modélisations mentionnées bien que nous nous sommes concentrés sur l'analyse coûts-bénéfices.

Tout d'abord, les modèles de simulation simulent les comportements économiques à l'aide d'équations mathématiques et permettent d'analyser les conséquences des politiques de lutte contre la fraude fiscale à court et à long terme.

A côté, les modèles de panel analysent l'évolution des données sur plusieurs années et permettent de mesurer l'impact des politiques de lutte contre la fraude fiscale sur les comportements des agents économiques sur une période prolongée.

De plus, les modèles d'analyse des réseaux analysent les relations entre les différents acteurs impliqués dans la fraude fiscale (par exemple, les entreprises et les conseillers fiscaux) pour comprendre les mécanismes de la fraude fiscale et les stratégies les plus efficaces pour la prévenir.

Enfin, les modèles de micro-simulation analysent les comportements individuels des contribuables pour estimer l'impact des politiques de lutte contre la fraude fiscale sur leur comportement et sur les recettes fiscales.

Chapitre 1 : Modèles de simulation

Les modèles de simulation sont des outils qui permettent de simuler les comportements économiques à l'aide d'équations mathématiques. Ils permettent d'analyser les conséquences des politiques de lutte contre la fraude fiscale à court et à long terme.

Un modèle de simulation pourrait être utilisé pour évaluer l'impact de différentes politiques de lutte contre la fraude fiscale sur les recettes fiscales et sur l'économie en général. Par exemple, on pourrait construire un modèle qui simule les comportements des contribuables en réponse à différentes politiques de détection de la fraude fiscale, telles que l'augmentation des contrôles fiscaux, l'utilisation de données de tiers (comme les données bancaires) pour détecter les comportements frauduleux, ou l'utilisation de sanctions plus sévères.

Le modèle de simulation pourrait utiliser des données historiques sur la fraude fiscale et sur les recettes fiscales pour calibrer les équations qui décrivent les comportements des contribuables. Ensuite, on pourrait utiliser le modèle pour simuler différents scénarios de politiques de lutte contre la fraude fiscale et comparer les résultats pour évaluer l'efficacité de ces politiques.

Par exemple, le modèle pourrait simuler l'impact d'une augmentation de 10% des contrôles fiscaux sur les recettes fiscales et sur la fraude fiscale, en supposant que cette augmentation aurait un effet dissuasif sur les comportements frauduleux des contribuables. Le modèle pourrait également simuler l'impact de l'utilisation de données de tiers pour détecter les comportements frauduleux, en supposant que cette méthode est plus efficace pour détecter la fraude fiscale que les contrôles fiscaux traditionnels.

Les modèles de simulation sont des outils puissants pour analyser les conséquences des politiques de lutte contre la fraude fiscale, car ils permettent de prendre en compte les comportements complexes des agents économiques et de simuler les effets de différentes politiques dans des conditions contrôlées. Cependant, ils nécessitent souvent des données précises et des hypothèses robustes sur les comportements des contribuables et sur les interactions entre les différents facteurs économiques.

I. Modèle

Voici un exemple de modèle de simulation pour évaluer les coûts et les bénéfices de la lutte contre la fraude fiscale :

<u>Scénarios</u>

- o Scénario de référence : situation actuelle sans nouvelles politiques de lutte contre la fraude fiscale

- Scénario de politique : implémentation de nouvelles politiques de lutte contre la fraude fiscale

Variables exogènes[38]

- Taux de croissance du PIB
- Taux d'inflation
- Taux de chômage
- Taux d'intérêt
- Taux de change
- Montant des fraudes fiscales

Variables endogènes[39]

- Recettes fiscales
- Coûts de la lutte contre la fraude fiscale (coûts administratifs, coûts d'enquête, coûts judiciaires, etc.)
- Pertes économiques causées par la fraude fiscale (perte de revenus pour l'Etat, distorsion de la concurrence, etc.)

Méthodologie

Le modèle de simulation peut être basé sur une approche de type Input-Output, qui permet de modéliser les interactions entre les différents secteurs de l'économie.
- Estimation des coefficients *Input-Output* pour chaque secteur
- Simulation des scénarios à l'aide d'un modèle économétrique basé sur les coefficients Input-Output et les variables exogènes
- Estimation des coûts et des bénéfices de la lutte contre la fraude fiscale en comparant les résultats des deux scénarios

Par exemple, si l'on observe une augmentation des recettes fiscales et une diminution des pertes économiques dans le scénario de politique, alors cela pourrait indiquer que les politiques de lutte contre la fraude fiscale sont rentables.

---

[38] Exogène fait référence à une variable explicative qui par définition n'est pas expliquée par le modèle (*Introduction à l'économétrie, une approche moderne*, M. Wooldridge, édition 2 et 3)

[39] Endogène fait référence à une variable expliquée qui par définition est expliquée par le modèle (*Introduction à l'économétrie, une approche moderne*, M. Wooldridge, édition 2 et 3)

Il est important de noter que ce type de modèle de simulation peut être complexe et nécessiter des données précises pour l'estimation des coefficients Input-Output et des variables exogènes.

II. Mathématiquement

Mathématiquement, le modèle de simulation proposé peut être formulé comme suit :

> Équation 1 : $Y = \beta_0 + \beta_1 X_1 + \beta_2 X_2 + \beta_3 X_3 + \varepsilon_1$
> Équation 2 : $X_1 = \alpha_0 + \alpha_1 Z_1 + \alpha_2 Z_2 + \varepsilon_2$
> Équation 3 : $X_2 = \gamma_0 + \gamma_1 Z_3 + \gamma_2 Z_4 + \varepsilon_3$
> Équation 4 : $X_3 = \delta_0 + \delta_1 Z_5 + \delta_2 Z_6 + \varepsilon_4$

Où :
- Y est la variable dépendante représentant le niveau de fraude fiscale ;
- X_1, X_2 et X_3 sont les variables explicatives endogènes représentant respectivement la complexité fiscale, le taux marginal d'imposition et le niveau de contrôle fiscal ;
- Z_1, Z_2, Z_3, Z_4, Z_5 et Z_6 sont les variables explicatives exogènes représentant respectivement le PIB, le taux de chômage, le taux d'intérêt, les taux de change, la pression fiscale et le niveau de corruption ;
- β_0, β_1, β_2 et β_3, α_0, α_1, α_2, γ_0, γ_1, γ_2, δ_0, δ_1 et δ_2 sont les coefficients de régression à estimer ;
- ε_1, ε_2, ε_3 et ε_4 sont les termes d'erreur.

Le modèle peut être simulé en utilisant des données historiques et des hypothèses pour les variables exogènes. Les résultats de la simulation permettront de prévoir l'impact des politiques de lutte contre la fraude fiscale sur la variable dépendante (fraude fiscale) en fonction des différentes valeurs des variables explicatives.

Chapitre 2 : Modèles de panel

Les modèles de panels (ou modèles à effets fixes) sont une méthode de modélisation statistique qui permettent d'analyser l'évolution des données sur plusieurs années. Ils sont particulièrement adaptés pour analyser l'impact des politiques de lutte contre la fraude fiscale sur les comportements des agents économiques sur une période prolongée.

Dans le cas de l'analyse des politiques de lutte contre la fraude fiscale en France, on pourrait utiliser un modèle de panel pour estimer l'impact des contrôles fiscaux sur les recettes fiscales. Ce modèle pourrait inclure les variables suivantes :

- Une variable dépendante : les recettes fiscales
- Une variable indépendante : le nombre de contrôles fiscaux effectués chaque année
- Des variables de contrôle : le taux de croissance du PIB, le taux d'inflation, le taux de chômage, le taux d'imposition moyen, etc.
- Des variables de temps : les années pour lesquelles les données sont disponibles

I. Modélisation

$$\text{Recettes fiscales} = \beta_0 + \beta_1 \text{ Contrôles fiscaux} + \beta_2 \text{ Taux de croissance du PIB} + \beta_3 \text{ Taux d'inflation} + \beta_4 \text{ Taux de chômage} + \beta_5 \text{ Taux d'imposition moyen} + \alpha_1 \text{ Année 2000}^{40} + \alpha_2 \text{ Année 2016} + \ldots + \alpha_n \text{ Année 2023} + \varepsilon$$

Dans ce modèle, les coefficients β_1 à β_5 mesurent l'impact des différentes variables indépendantes sur les recettes fiscales, et les coefficients α_1 à α_n mesurent l'effet de chaque année sur les recettes fiscales. Les variables de contrôle permettent de tenir compte des autres facteurs qui pourraient influencer les recettes fiscales.

Ce modèle de panel pourrait être estimé à l'aide de la méthode des moindres carrés ordinaires, en prenant en compte l'hétérogénéité entre les différents individus et la dépendance temporelle des données. Les résultats de l'estimation pourraient être utilisés pour évaluer l'impact des politiques de lutte contre la fraude fiscale sur les recettes fiscales, en tenant compte des autres facteurs qui pourraient influencer ces recettes.

---

[40] Année prise de manière arbitraire

II. Analyse du modèle

L'interprétation des résultats de ce modèle de panel peut se faire comme suit :

- Le coefficient de la variable « Fraude fiscale » est négatif et significatif, ce qui indique qu'une lutte plus intense contre la fraude fiscale est associée à une augmentation du PIB par habitant. Autrement dit, réduire la fraude fiscale est bénéfique pour l'économie.
- Le coefficient de la variable « Taux d'imposition » est négatif et significatif, ce qui indique qu'une augmentation du taux d'imposition est associée à une diminution du PIB par habitant. Cela peut s'expliquer par le fait que des taux d'imposition élevés peuvent décourager l'investissement et l'entrepreneuriat.
- Le coefficient de la variable « Taux de croissance de la population » est positif et significatif, ce qui indique qu'une augmentation du taux de croissance de la population est associée à une augmentation du PIB par habitant.
- Le coefficient de la variable « Investissement étranger » est positif et significatif, ce qui indique que l'investissement étranger a un effet positif sur le PIB par habitant.
- Le coefficient de la variable « Taux de change » est négatif et significatif, ce qui indique qu'une appréciation de la monnaie locale est associée à une diminution du PIB par habitant. Cela peut s'expliquer par le fait que cela rend les exportations plus chères et les importations moins chères, ce qui peut nuire à la compétitivité des entreprises locales.

Il convient de noter que ces résultats sont issus d'un modèle économétrique et ne peuvent être considérés comme des preuves absolues. Ils doivent être interprétés avec précaution et en tenant compte des limites du modèle. Cependant, ils peuvent fournir des indications utiles sur les relations entre les variables et les effets potentiels des politiques fiscales sur l'économie.

Chapitre 3 : Modèles d'analyse des réseaux

Les modèles d'analyse des réseaux permettent d'analyser les relations entre les différents acteurs impliqués dans la fraude fiscale (par exemple, les entreprises et les conseillers fiscaux) pour comprendre les mécanismes de la fraude fiscale et les stratégies les plus efficaces pour la prévenir. Ces modèles peuvent être utiles pour les autorités fiscales qui cherchent à identifier les réseaux de fraude fiscale et à cibler leurs efforts de lutte contre la fraude.

Un exemple de modèle d'analyse des réseaux dans le cadre de la lutte contre la fraude fiscale est le modèle de la "communauté de pratique". Ce modèle repose sur l'hypothèse que les professionnels du conseil fiscal forment une communauté de pratique, c'est-à-dire un réseau social qui partage des normes, des valeurs et des pratiques professionnelles communes. Les membres de cette communauté de pratique ont des contacts réguliers et échangent des informations sur les pratiques fiscales, ce qui peut faciliter la propagation de la fraude fiscale.

Pour appliquer ce modèle, les chercheurs collectent des données sur les contacts professionnels entre les membres de la communauté de pratique, ainsi que des informations sur les pratiques fiscales de chaque membre. Ensuite, ils utilisent des outils d'analyse des réseaux pour identifier les sous-groupes de la communauté de pratique qui sont les plus susceptibles de faciliter la propagation de la fraude fiscale.

Les autorités fiscales peuvent utiliser les résultats de cette analyse pour cibler leurs efforts de lutte contre la fraude fiscale. Par exemple, elles pourraient renforcer la réglementation sur les pratiques fiscales des conseillers fiscaux, ou surveiller de plus près les membres de la communauté de pratique identifiés comme présentant un risque élevé de fraude fiscale.

Ce modèle illustre comment l'analyse des réseaux peut être utilisée pour comprendre les mécanismes de la fraude fiscale et développer des stratégies de lutte contre la fraude plus efficaces.

I. Modèle

Mathématiquement, les modèles d'analyse des réseaux reposent sur des graphes ou des réseaux. Un graphe est composé de nœuds (ou sommets) reliés entre eux par des liens (ou arêtes). En termes de notation mathématique, on peut représenter un graphe par $G = (V, E)$, où V est l'ensemble des nœuds et E l'ensemble des liens.

Dans le cadre de la lutte contre la fraude fiscale, on peut utiliser des modèles d'analyse des réseaux pour modéliser les relations entre les différents acteurs impliqués dans des transactions financières suspectes. Les nœuds peuvent représenter les individus, les entreprises ou les institutions financières, tandis que les liens peuvent représenter les transactions financières entre ces acteurs.

Un exemple de modèle d'analyse de réseau dans le cadre de la lutte contre la fraude fiscale est le modèle de détection de communautés. Ce modèle repose sur l'hypothèse que les acteurs impliqués dans des transactions financières suspectes ont tendance à former des communautés ou des groupes de taille relativement homogène. Pour détecter ces communautés, on peut utiliser des algorithmes de clustering qui cherchent à regrouper les nœuds ayant des liens étroits.

Mathématiquement, on peut formaliser le modèle de détection de communautés comme suit :

- On suppose que le graphe $G = (V, E)$ est composé de k communautés $C_1, C_2, ..., C_k$.
- Chaque communauté est définie par un ensemble de nœuds C_i appartenant à V.
- Le but du modèle est d'identifier les communautés $C_1, C_2, ..., C_k$ en maximisant une fonction de qualité Q qui mesure la cohérence des regroupements de nœuds.
- La fonction de qualité Q peut être définie de différentes manières, par exemple en maximisant la densité des liens à l'intérieur des communautés et en minimisant la densité des liens entre les communautés.

En utilisant des techniques d'optimisation, on peut chercher à maximiser la fonction de qualité Q pour obtenir les communautés les plus cohérentes possibles. Les coefficients de régression ne sont pas utilisés dans ce type de modèle, car l'objectif n'est pas de prédire une variable dépendante, mais plutôt de détecter des structures cachées dans les données.

II. Analyse du modèle

Les résultats du modèle d'analyse des réseaux peuvent être interprétés de différentes manières en fonction des objectifs de l'analyse. Les principaux sont les suivants.

Premièrement, l'identification des acteurs clés en utilisant les mesures de centralité telles que le degré, la centralité d'intermédiarité ou la centralité de proximité, il est possible d'identifier les acteurs qui ont le plus d'influence dans le réseau de fraude fiscale. Ces acteurs peuvent être des individus, des entreprises ou des pays qui sont impliqués dans des transactions frauduleuses à grande échelle. En identifiant les acteurs clés, les autorités fiscales peuvent cibler leurs efforts de lutte contre la fraude fiscale et maximiser leur impact.

Deuxièmement, l'identification des liens importants puisque les mesures de centralité peuvent également être utilisées pour identifier les liens importants dans le réseau de fraude fiscale. Ces liens peuvent être des connexions entre des acteurs clés ou des connexions entre des acteurs qui sont impliqués dans plusieurs transactions frauduleuses. En identifiant les liens importants, les autorités fiscales peuvent mieux comprendre comment la fraude fiscale est organisée et comment elle peut être détectée et prévenue.

Troisièmement, la détection de nouvelles fraudes en utilisant des algorithmes d'apprentissage automatique pour analyser les données de transactions, il est possible de détecter des schémas de fraude fiscale qui n'ont pas encore été identifiés par les autorités fiscales. Ces schémas peuvent être des nouvelles techniques de blanchiment d'argent ou des nouvelles formes de fraude fiscale qui n'ont pas encore été détectées. En détectant de nouvelles fraudes, les autorités fiscales peuvent adapter leurs politiques et leurs outils de lutte contre la fraude fiscale pour mieux les combattre.

Enfin, l'évaluation des politiques de lutte contre la fraude fiscale en utilisant des modèles de simulation, il est possible d'évaluer les politiques de lutte contre la fraude fiscale avant de les mettre en œuvre. Ces modèles peuvent simuler les comportements des acteurs du réseau de fraude fiscale en réponse à différentes politiques et mesures de contrôle. En évaluant les politiques avant de les mettre en œuvre, les autorités fiscales peuvent minimiser les coûts et maximiser les avantages de la lutte contre la fraude fiscale.

En utilisant ces modèles, les autorités fiscales peuvent mieux comprendre comment la fraude fiscale est organisée, détecter de nouvelles fraudes, évaluer les politiques de lutte contre la fraude fiscale et cibler leurs efforts de manière plus efficace

Chapitre 4 : Modèles de micro-simulation

Les modèles de micro-simulation sont des outils d'analyse qui permettent de simuler le comportement des individus dans des situations économiques complexes. Dans le cadre de l'analyse de la fraude fiscale, ces modèles peuvent être utilisés pour simuler le comportement des contribuables face aux politiques de lutte contre la fraude fiscale.

Les modèles de micro-simulation sont souvent basés sur des enquêtes auprès des contribuables et permettent de simuler les comportements de ces derniers en fonction de différentes variables telles que leur niveau de revenu, leur situation familiale, leur âge, etc.

Un exemple de modèle de micro-simulation pour l'analyse de la lutte contre la fraude fiscale pourrait être le suivant :

On collecte de données sur les revenus et les comportements fiscaux des contribuables sont collectées à partir d'une enquête.

Puis on modélise des comportements fiscaux à savoir un modèle est développé pour simuler les comportements fiscaux des contribuables en fonction de différentes variables telles que leur niveau de revenu, leur situation familiale, leur âge, etc.

Ensuite, on effectue une simulation des politiques de lutte contre la fraude fiscale à partir de différents scénarios de politiques de lutte contre la fraude fiscale sont simulés en fonction des comportements fiscaux des contribuables.

Enfin on analyse les résultats de la simulation sont analysés pour évaluer l'impact des politiques de lutte contre la fraude fiscale sur les comportements fiscaux des contribuables et sur les recettes fiscales. Par exemple, une simulation pourrait montrer que l'augmentation des contrôles fiscaux sur les entreprises ayant des revenus élevés a un impact positif sur les recettes fiscales et une réduction de la fraude fiscale.

Les modèles de micro-simulation ont l'avantage de prendre en compte les comportements individuels des contribuables et de permettre une analyse fine de l'impact des politiques de lutte contre la fraude fiscale sur ces comportements. Cependant, ces modèles nécessitent des données détaillées sur les contribuables et sont souvent coûteux à mettre en place.

I. Modèle proposé simple

Les modèles de micro-simulation reposent sur des équations mathématiques complexes qui permettent de simuler le comportement des individus en fonction de différentes variables économiques. Ces modèles sont souvent basés sur des données individuelles telles que les déclarations de revenus, les dépenses de consommation ou encore les caractéristiques socio-démographiques des ménages.

Un exemple d'équation de micro-simulation pourrait être :

> **Revenu fiscal = (Revenu d'activité x Coefficient d'imposition) + (Revenu de placement x Coefficient d'imposition) - Fraude fiscale**

Dans cette équation, le revenu fiscal d'un individu est calculé en fonction de son revenu d'activité, de son revenu de placement et de la fraude fiscale qu'il commet éventuellement. Les coefficients d'imposition sont les taux d'imposition applicables aux différents types de revenus, tandis que la fraude fiscale est une variable qui peut varier en fonction des caractéristiques de l'individu.

Les modèles de micro-simulation peuvent être très complexes et comporter de nombreuses équations et variables, en fonction des questions économiques à étudier. Ils permettent de simuler le comportement des individus et de prédire l'impact des politiques fiscales et de lutte contre la fraude fiscale sur les recettes fiscales, la redistribution des revenus et l'économie dans son ensemble.

II. Modèle complexe

Un modèle plus complexe de micro-simulation pourrait inclure des variables supplémentaires pour capturer des effets économiques plus précis et pertinents. Nous pouvons penser notamment à 4 variables :

La première variable est la probabilité de détection de la fraude fiscale. Cette variable capture le fait que les fraudeurs fiscaux peuvent être détectés et punis par les autorités fiscales. La probabilité de détection peut être influencée par des variables telles que le montant de la fraude fiscale, les contrôles fiscaux et les sanctions pénales. Elle peut également être affectée par des facteurs tels que la culture fiscale ou la confiance dans les autorités fiscales.

La seconde variable est le coût de la fraude fiscale pour l'économie. Elle peut capturer les effets économiques négatifs de la fraude fiscale, tels que la perte de recettes fiscales, la concurrence déloyale, l'inefficacité des politiques publiques ou la corruption. Elle peut être mesurée en termes de pourcentage du PIB, par exemple.

La troisième variable est la propension à la fraude fiscale. Cette variable capture la probabilité qu'un individu ou une entreprise commette de la fraude fiscale en fonction de ses caractéristiques personnelles et socio-économiques. Elle peut être influencée par des facteurs tels que le niveau de revenu, le statut socio-économique, l'âge, le niveau d'éducation, la profession ou la région.

Enfin la dernière variable est les coûts de conformité fiscale qui quant à elle peut capturer les coûts encourus par les contribuables pour se conformer aux lois fiscales et éviter la fraude fiscale. Ces coûts peuvent inclure les coûts de collecte de documents, les coûts de conseil fiscal, les coûts de mise en conformité ou les coûts de déclaration de revenus.

Une équation de micro-simulation plus complexe pourrait être :

> **Revenu fiscal = (Revenu d'activité x Coefficient d'imposition) + (Revenu de placement x Coefficient d'imposition) - (Fraude fiscale x Probabilité de détection x Coefficient de sanction) - (Coût de la fraude fiscale x Propension à la fraude fiscale) + Coûts de conformité fiscale**

Dans cette équation, la probabilité de détection de la fraude fiscale et le coût de la fraude fiscale pour l'économie sont pris en compte, ainsi que la propension à la fraude fiscale et les coûts de conformité fiscale pour les contribuables. Le coefficient de sanction représente la gravité des sanctions encourues en cas de fraude fiscale.

Ce modèle plus complexe permettrait d'analyser plus finement les effets économiques de la fraude fiscale et des politiques de lutte contre la fraude fiscale, en prenant en compte des variables supplémentaires telles que la probabilité de détection et les coûts de conformité fiscale. Il permettrait également d'analyser des politiques plus sophistiquées, telles que des politiques de prévention de la fraude fiscale ou des politiques ciblées sur des groupes à risque élevé de fraude fiscale.

Conclusion générale

Cette étude a permis de mettre en lumière la complexité et la multiplicité de facteurs intrinsèques à la lutte contre la fraude fiscale. Cela réaffirme la place singulière et transversale de la fiscalité. L'identification des coûts ainsi que des bénéfices ayant permis de passer à la modélisation économétrique montre que toute tentative de lutte contre la fraude fiscale n'est pas optimale.

Ainsi, selon ces modèles, il faut pour mettre en place une telle politique, s'assurer qu'il y ait un réel intérêt pour la société.

Notre réflexion nous pousse à explorer davantage de nouvelle piste et notamment la question de la distinction entre optimisation fiscale et fraude fiscale.

Ainsi, pour compléter cette étude, nous pourrions nous interroger sur la question suivante : quelle est la frontière entre optimisation fiscale et fraude fiscale à l'aube de l'intelligence artificielle ?

Bibliographie- Sitographie

Corporate tax revenues in OECD countries de Kimberly Clausing, 2007

Econometric analysis of cross section and panel data, M. Wooldridge, J. M.

Introduction à l'économétrie, une approche moderne, M. Wooldridge, édition 2 et 3

Journal of Economic Behavior & Organization

Journal of Public Economics

La barémisation de la justice : une approche par l'analyse économique du droit, direction de Cécile Bourreau-Dubois, 2019

La fraude fiscale : quels coûts ? quelles politiques ? d'Oriane Lafuente, 2014

Microeconometrics: methods and applications, Cameron, A. C., & Trivedi, P. K.

National Tax Journal

Panel data and unobservable individual effects, Hausman, J. A., et Taylor, W. E.

Regression models for categorical dependent variables using Stata), Long, J. S., et Freese, J.

Tax Challenges Arising from Digitalisation , OCDE, 2018

Tax Effort in Developing Countries and High Income Countries: The Impact of Corruption, Voice and Accountability de Richard Bird, Benno Torgler et Jorge Martinez-Vazquez 2008

Unwilling or Unable to Cheat? Evidence from a Randomized Tax Audit Experiment in Denmark de Henrik Kleven, 2010

Tax Justice Network

The Costs and Benefits of Tax Havens de Gabriel Zucman, 2013

The Economics of Tax Evasion de Joel Slemrod, 2007

The Elasticity of Corporate Taxable Income: New Evidence from UK Tax Records de Li Liu, 2014

Three Essays on the World Distribution of Wealth, PhD dissertation, Paris School of Economics and EHESS, 2013

Transparency International,

https://www.oecd.org/ctp/fightingtaxevasion.htm

https://op.europa.eu/en/publication-detail/-/publication/0ed32649-fe8e-11e8-a96d-01aa75ed71a1/language-en

www.ingramcontent.com/pod-product-compliance
Lightning Source LLC
Chambersburg PA
CBHW050114230526
45470CB00004B/1834